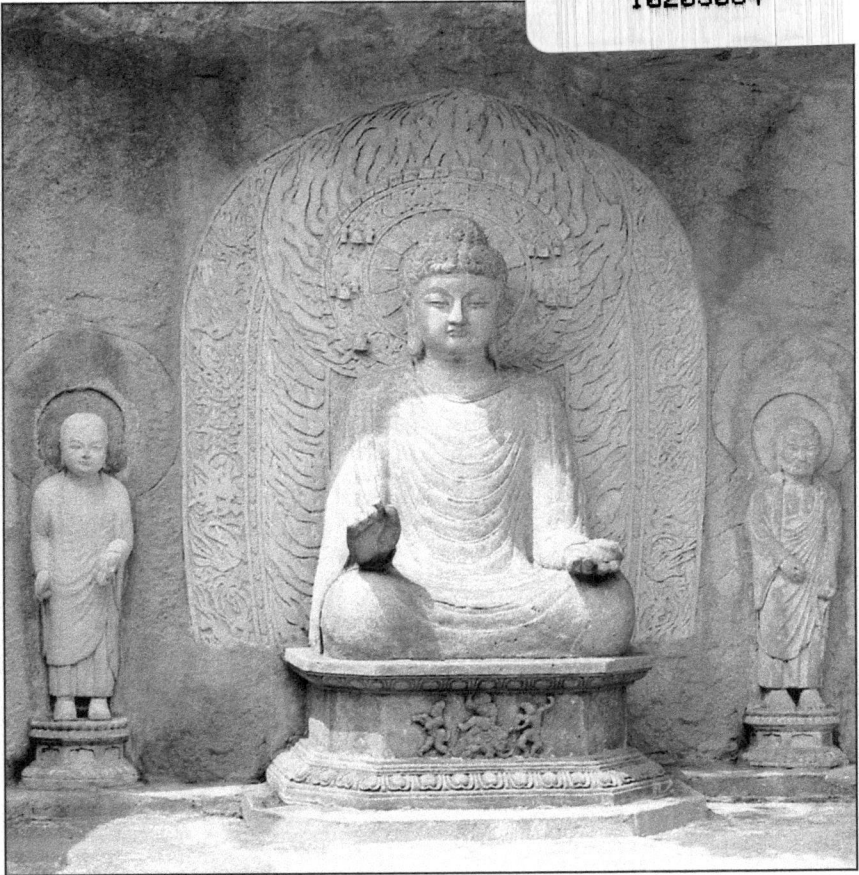

Buda Shakyamuni

Venerable Mahakasyapa y

Venerable Ananda

El Venerable Maestro Hsuan Hua

Un
Manual
de Chan

Un Manual de Chan

Conferencias sobre Meditación
por el Venerable Maestro Hua

Traducción al Español y Publicado
por la Sociedad de Traducción
de Textos Budistas (BTTS)

2017

Un Manual de Chan: conferencias sobre meditación
por el Venerable Maestro Hsuan Hua

Publicado y traducido al español por la
  Sociedad de Traducción de Textos Budistas (BTTS)
  1777 Murchison Drive,
  Burlingame, CA 94010-4504

Primera edición inglesa titulada:
The Chan Handbook: Talks about Meditation
by Venerable Master Hsuan Hua
Publicada por BTTS, 2004

Email: bttsonline@snetworking.com

Impreso en los Estados Unidos
(Printed in the United States of America)
ISBN 978-0-88139-752-9 (1st edition paperback)
ISBN 978-1-60103-021-4 (1st edition ebook)
ISBN 978-0-88139-767-3 (2nd edition paperback)
ISBN 978-0-88139-768-0 (2nd edition ebook)

Fecha de Publicación: 2017
(Publication date: 2017)

The Library of Congress has cataloged the first paperback edition as
follows:
Hsuan Hua, 1908-1995.
[Chan handbook. Spanish]
Un Manual de Chan: conferencias sobre meditación / por el Venerable
Maestro Hsuan Hua; traducción al español y publicado por la BTTS
(Sociedad de Traducción de Textos Budistas). -- 1st.
p. cm.
1. Meditation--Zen Buddhism. I. Buddhist Text Translation Society. II.
Title.
BQ9288.H7618 2011
294.3'4435–dc22
2011007909

Las ocho reglas de la Sociedad de Traducción de Textos Budistas

1. El traductor debe estar libre de motivaciones tales como la fama y el beneficio personal.

2. El traductor debe cultivar una actitud respetuosa y sincera, libre de demostraciones de arrogancia o de vanagloria.

3. El traductor debe abstenerse de sobreestimar su trabajo y de despreciar el de otros.

4. El traductor no debe considerarse a sí mismo como un ejemplo apropiado, ni debe suprimir el trabajo de aquéllos que cometan errores de traducción.

5. El traductor debe considerar a la mente de Buda como su propia mente.

6. El traductor debe utilizar la sabiduría de la Visión selectiva del Dharma para determinar los principios verdaderos.

7. El traductor debe requerir de los Ancianos Virtuosos de las diez direcciones para la certificación de sus traducciones.

8. El traductor debe empeñarse en propagar las enseñanzas, imprimiendo las traducciones de Sutras, Shastras y del Vinaya, toda vez que hayan sido certificadas como correctas.

Contenido

Prefacio Seleccionado

Abandonar todo y no permitir que surja ni un solo pensamiento

La finalidad de investigar el Chan es entender la mente y ver la verdadera naturaleza. Esto significa remover todas las impurezas de nuestra mente y ver realmente la imagen de nuestra propia naturaleza.

Las impurezas se refieren a los falsos pensamientos y apegos, mientras que la propia naturaleza se refiere a nuestra sabiduría y virtud inherentes, que son idénticas a las de todos los budas. La sabiduría y la virtud del Así Venido están encarnadas en todos los budas y en todos los seres vivos y no son duales o diferentes. Quien pueda apartarse de los falsos pensamientos y apegos puede certificar la sabiduría y la virtud del Así Venido y llegar a ser un buda. Si no, continuaríamos siendo ordinarios seres vivos.

Hace inconmensurables eones, hemos sido atrapados en el ciclo de nacimiento y muerte. Hasta ahora hemos sido mancillados durante tanto tiempo que no podemos liberarnos instantáneamente de nuestros falsos pensamientos y ver nuestra naturaleza original. Esta es la razón por la que debemos investigar el Chan. Por lo tanto, el primer paso en la investigación del Chan es eliminar los falsos pensamientos. ¿Cómo pueden eliminarse los falsos pensamientos? El Buda Shakyamuni habló ampliamente al respecto. El método más fácil no es otro que el de 'cesar', como en la frase 'cesar es bodhi'. La escuela Chan fue llevada a China por el Venerable Bodhidharma, quien se convirtió en el primer patriarca. Esa transmisión continuó, siendo recibida con el tiempo por el Sexto Patriarca.

Después, las enseñanzas del Chan se propagaron en todas direcciones. A través de los años, su impacto ha sido tremendo. Sin embargo, la enseñanza dada por el Venerable Bodhidharma y el Sexto Patriarca es considerada la más importante. Esto es, esencialmente, aquietar todo y no dejar que surja ni un solo pensamiento. Aquietar todo significa abandonar todas las cosas. Esas dos frases, abandonar todas las cosas y no dejar que surja ni un solo pensamiento, son los requisitos esenciales para investigar el Chan. Si fracasamos en el cumplimiento de estos dos requisitos, entonces no seremos capaces de dominar los principios del Chan y menos aún tendremos éxito en la investigación del Chan. ¿Cómo puede alguno de nosotros decir que estamos investigando el Chan cuando todavía estamos cubiertos por una miríada de condiciones y sujetos a nuestros pensamientos que surgen y desaparecen sin interrupción?

Abandonar todo y no permitir que surja ni un solo pensamiento. Esos son los requisitos para investigar el Chan. Puesto que esto lo sabemos, ¿cómo podemos lograrlo? Primero, necesitamos detener cada uno de los pensamientos hasta que no surjan. Haciendo esto, certificaremos instantáneamente el bodhi sin ningún problema. Segundo, necesitamos ser razonables al tratar con todas las cosas y comprender a fondo que nuestra propia naturaleza es originalmente pura y clara. Necesitamos comprender que aflicción, bodhi, nacimiento, muerte y nirvana son todos meramente nombres y como tales no tienen nada que ver con nuestra propia naturaleza. Todos los objetos materiales son como sueños e ilusiones, burbujas y sombras. Dentro del ámbito de nuestra propia naturaleza, nuestros cuerpos y nuestro entorno, que están compuestos por los cuatro elementos, son simplemente como burbujas que aleatoriamente aparecen y desaparecen en el mar, sin afectar la substancia original. No deberíamos ser atrapados en el surgimiento, la permanencia, los cambios y la cesación de las cosas ilusorias de este mundo. Ni debemos permitirnos la simpatía y la antipatía, la aceptación y el rechazo. Despreocupándonos totalmente de este cuerpo, como si estuviéramos muertos, reduciremos naturalmente los efectos de estar contaminados por nuestras facultades sensoriales y nuestra consciencia mental. De esa manera seremos capaces de erradicar la codicia, el odio, la ignorancia y el amor emocional. No seguiremos siendo influenciados por el dolor y el placer que este cuerpo experimenta, incluyendo hambre y frío, saciedad y calidez, honor y humillación, vida y muerte, desgracia y bendiciones, buena o mala suerte, difamación y alabanza, ganancia y pérdida, seguridad y peligro.

En ese punto habremos alcanzado el abandono. Si el apartarnos de estas cosas lo hacemos total y permanentemente, entonces habremos alcanzado el abandono de todas las cosas. Cuando hayamos abandonado todo, los falsos pensamientos se desvanecerán naturalmente, no haremos más discriminaciones y estaremos distanciados de los apegos. En este punto, cuando no surja ni un solo pensamiento, la luz de la propia naturaleza se manifestará en su totalidad y, naturalmente, habremos cumplido los requisitos para investigar el Chan. Solamente a través de la aplicación diligente de nuestra habilidad en la investigación tendremos la oportunidad de entender nuestra mente y de ver nuestra auténtica naturaleza.

Recientemente, muchos practicantes de Chan han venido a formular preguntas. En realidad, no hay ningún dharma del cual podamos hablar, porque lo que pueda ser expresado con palabras o ser comentado a través del lenguaje no será el verdadero significado. Recuerden siempre que nuestra mente era originalmente de buda. Desde un principio ha continuado siendo parte inherente de cada uno de nosotros. Las propias declaraciones acerca de la cultivación y certificación equivalen a las palabras de los demonios. Cuando el Venerable Bodhidharma llegó a China, apuntó directamente a la mente de las personas como el camino para que vean su naturaleza y lleguen a ser budas. De esta manera, indicó con claridad que todos los seres vivos de la tierra tienen la naturaleza de buda. Necesitamos reconocer que esta propia naturaleza pura y clara concuerda con las condiciones sin contaminarse. Necesitamos comprender que en todo momento, en todo lo que hagamos, nuestra verdadera mente no es diferente de la de los budas. Si lo certificamos, llegaremos a ser budas justo aquí y ahora. Una vez que lo certifiquemos, entonces no habrá más necesidad de ningún esfuerzo posterior, mental o físico. No necesitaremos hablar, pensar ni hacer nada en absoluto. Esta es la razón por la que se dice que llegar a ser un buda es realmente lo más fácil y confortable que se pueda hacer.

Cultivar hasta el estado de buda está dentro de nuestro control y una vez que entendamos la práctica apropiada, no necesitaremos buscar asistencia externa. Los seres vivos sólo necesitan tomar la determinación de no girar continuamente en el ciclo de los cuatro tipos de renacimiento en los seis reinos de la existencia, donde siempre se están hundiendo en el mar de sufrimientos. Si los seres vivos desean llegar a ser budas y alcanzar la eternidad, la alegría, el verdadero yo y la pureza del nirvana, entonces deberán creer realmente y sinceramente en las enseñanzas del Buda, abandonar todas las cosas y dejar de tener pensamientos acerca de lo bueno o lo malo. Así, todos podemos convertirnos en budas. Todos los budas y bodhisattvas, como también todos los patriarcas, a través de los años, han hecho el voto de cruzar a todos los seres vivos. Esto no carece de base o evidencia. Ellos no hicieron grandes votos por nada, tampoco se dedicaron a falsos discursos.

Discurso dado por el Anciano Maestro Hsu Yun
Cuadragésimo Cuarto Patriarca en India,
Decimoséptimo Patriarca en China,
Octavo Patriarca en el linaje de Wei Yang.
En el Monasterio de Chan Zhenru,
De la montaña Yun Ju en la provincia Jiang Xi

Verso en expresión de fe del Maestro de Dhyana Hsu Yun

Proclamar (Hsuan) el maravilloso significado de Wei,
hace que la enseñanza de la escuela
resuene a lo largo y a lo ancho.
Las transformaciones (Hua) heredadas del Pico Ling
exaltan el Camino del Dharma.
Llevando de un lado a otro (Du) los cuarenta y seis,
es transmitido el sello de la mente.
La rueda (Lun) gira incesantemente
rescatando a las multitudes sufrientes.

"Año del Buda" 2983, el año Bingshen,
Escrito por De Qing Hsu Yun,
en la Sala de Conferencias del Dharma
del Monasterio de Chan Zhenru.

1. ¿POR QUÉ INVESTIGAR EL CHAN?

Cuando la mente no está invertida, no hay más confusión.

Nosotros, los humanos, nacemos confundidos y morimos confundidos. Lo estamos mientras permanecemos dormidos y también al estar despiertos. ¿Qué valor tiene la vida?

¿Significa eso que no queremos ser más seres humanos? No, pero tenemos que entender de dónde vinimos cuando nacimos y a dónde iremos después de la muerte. Alguien dijo: "Yo sé cómo encontrar la muerte. Puedo tomar una sobredosis de drogas o ahorcarme o tirarme a algún río. ¿Cierto?" El suicidio no los liberaría del nacimiento y de la muerte. Eso sólo les incrementaría su carga kármica.

Nos sentamos a meditar para encontrar una manera que nos asegure que cuando llega el momento de la muerte, no suframos de enfermedades físicas, no codiciemos riqueza, sexo, fama, alimentos y sueño, y nuestras mentes no estén invertidas. La muerte debería ser como entrar en el samadhi del Chan.

Queremos morir con una sonrisa, estar a gusto y que el Buda Amitabha nos reciba en una tarima de oro. Queremos tener la capacidad de predecir nuestra propia muerte y de conocer con anticipación su llegada. Queremos conocer qué año, mes y día e incluso la hora precisa en la que moriremos una vez que todas nuestras tareas hayan sido cumplidas. ¡La cultivación tiene justamente ese propósito! Si no conocemos acerca de ese momento crucial, entonces permaneceremos confundidos durante toda nuestra vida. Ni siquiera con la muerte terminará esa confusión. Muerte tras muerte seguiremos estando confundidos. Vida tras vida seguiremos confundidos. ¡Qué lamentable sería estar permanentemente confundidos!

La razón por la que practicamos meditación sentados y aprendemos Budismo es que no queremos estar confundidos. Muchas personas pasan el tiempo realizando investigaciones científicas dirigidas a tratar de determinar la composición y el funcionamiento del cuerpo físico de tal manera que puedan reproducirlo. Quienes buscan soluciones científicas fuera de sí mismos están abandonando las raíces y yendo por las ramas. Cuando entendamos nuestra naturaleza original, obtendremos una gran sabiduría. Aprender Budismo permitirá que esa gran sabiduría se despliegue.

La libertad sobre el nacimiento y la muerte es la libertad para ir y venir

Quienes investigan el Chan puedan llegar a tener dominio sobre su propio nacimiento y muerte. Pueden ir y venir libremente sin ninguna restricción. Como suele decirse:

> *Mi destino está determinado por mí,*
> *no por el cielo.*

¡Ni siquiera el Viejo Yama tendrá algún control sobre nosotros! ¿Por qué no? Porque habremos trascendido los tres reinos.

¿Qué significa tener la libertad de ir y venir? Se refiere a la libertad de nacer y de morir. Si queremos vivir, podemos vivir. Si queremos morir, podemos morir. La elección será nuestra, como la queramos. Pero presten atención, hay que tener en cuenta que este tipo de muerte no significa cometer suicidio. Esta libertad nos permite relacionarnos con nuestro cuerpo físico como lo haríamos con nuestra casa. Si queremos salir y viajar, seremos libres de ir donde deseemos. Si queremos, podemos tener cien millones de cuerpos de transformación para enseñar a los seres vivos a través del espacio vacío y del reino del Dharma. Si no deseamos viajar, podemos quedarnos en casa y nadie nos molestará.

Debemos saber que todo en el espacio vacío y en el reino del Dharma está incluido dentro del cuerpo del Dharma. Nada puede salir fuera del cuerpo del Dharma.

Todos ustedes han pasado por muchos inconvenientes para asistir a esta sesión de Chan y han trabajado día y noche sin parar. Lo siguen haciendo porque esperan ganar libertad y seguridad sobre el nacimiento y la muerte. Quieren controlar su propia vida y ser su propio dueño. Ser capaz de hacer esto, es realmente el estado de libertad sobre el nacimiento y la muerte.

En la investigación del Chan, necesitan alcanzar el estado de no saber que hay un cielo arriba, una tierra abajo y personas en el medio. Necesitan llegar a ser uno con el espacio vacío. Entonces hay alguna esperanza de lograr la iluminación. En este mismo instante, caminar y sentarse, sentarse y caminar proveen la llave que abrirá nuestra sabiduría.

El funcionamiento de toda esencia es claramente comprendido

Si no investigamos el Chan y no practicamos meditación sentados, continuaremos sin conocer de dónde venimos cuando nacemos y a dónde iremos después de la muerte. Sin estos conocimientos, nuevamente naceremos y moriremos confundidos. ¡Vivir nuestras vidas de esta manera es realmente lamentable!

Quienes trabajan duro en la práctica del Chan pueden despertarse y reconocer quiénes eran antes de que sus padres les dieran nacimiento. Verán súbitamente todo bien claro. Entenderán en detalle los pormenores de todas las cosas. Comprenderán el gran funcionamiento de la verdadera mente. Quienes desarrollen tal estado estarán destinados a alcanzar la realización del estado de buda. En el futuro ellos alcanzarán la insuperablemente correcta y ecuánime iluminación.

La práctica de meditación e investigación de Chan permite alcanzar la iluminación

¿Cómo podemos nosotros lograr la iluminación? La iluminación es como desbloquear una puerta que ha estado restringiendo nuestra entrada y salida. Para desbloquear esa puerta necesitamos una llave. Sin una llave permaneceremos encerrados en esa habitación para siempre. Entonces, ¿dónde está la llave? Está justo allí con ustedes. Es muy fácil de encontrarla. ¿Cómo la pueden encontrar? Lo pueden hacer investigando el Chan y sentándose a meditar, o recitando nombres de budas y mantras. Practicar de esas formas equivale a buscar la llave.

¿Cuándo la encontrarán? Eso depende del estado de cultivación que alcanzas. Si practican con determinación y vigor, la encontrarán rápidamente. Pero si son perezosos y aletargados, nunca la encontrarán; no sólo no la encontrarán en esta vida, ni siquiera lo harán en vidas futuras. Es un principio muy simple.

Aprender a desapegarse
de sí mismo y de otros

Todas las cosas cobran vida
cada vez que la primavera retorna.
Al romper en pedazos el espacio vacío,
seré libre como el viento.
Desde ese momento no habrá más ataduras
ni del "yo" ni de "los otros".
Sin importar cuán vasto sea el reino del Dharma,
haré mi mayor esfuerzo por comprenderlo.

Al investigar el Chan, tenemos la oportunidad de iluminarnos. El resplandor de nuestra propia naturaleza alumbrará hacia todas partes como cuando la primavera retorna a la gran tierra y todo vuelve a cobrar vida. El espacio vacío originalmente no tiene forma. Cuando incluso este vacío sin forma se ha hecho pedazos, uno se libera. Desde ese momento en adelante, uno no se ata más a la imagen de otros. Al alcanzar ese estado, la imagen de un "yo" también se vacía. El reino del Dharma puede ser inmenso, pero aún podemos abarcarlo. Habiendo hecho eso, ¿no seremos grandes héroes?

Meditación y samadhi son vitales para nuestro cuerpo de Dharma

Sentarse a meditar y cultivar samadhi es como alimentar nuestro cuerpo de Dharma. El cuerpo físico necesita ser alimentado y vestido, necesita dormir y está siempre ocupado trabajando para satisfacer esas necesidades. Uno no puede funcionar sin comida, vestimenta y sueño, ni siquiera por un día. Cada uno de nosotros es igual en este sentido. No podemos seguir adelante sin alguna de estas cosas.

Pero nuestro cuerpo de Dharma también necesita alimento, vestimenta y sueño. Sentarse a meditar provee de un alimento natural a nuestro cuerpo de Dharma. Al absorber los verdaderos nutrientes del espacio vacío, nuestro cuerpo de Dharma crecerá saludablemente. Entrar en samadhi le brinda un reposo esencial. Si nunca entramos en samadhi, nuestro cuerpo de Dharma no descansa. Y finalmente, nuestro cuerpo de Dharma debe ser vestido con tolerancia.

Meditación y samadhi son vitales para él. Cuando meditemos durante un buen tiempo, nuestro cuerpo de Dharma probará el sabor del Dharma y podrá absorber los verdaderos nutrientes del espacio vacío.

El cuerpo físico y el de Dharma necesitan estas tres cosas. Cuando cultivamos, debemos vestir nuestro cuerpo de Dharma con tolerancia, siendo tolerantes nosotros mismos. Debemos entrar en la morada del "Así venido" entrando en samadhi. Y finalmente, debemos subir al asiento del "Así venido". Así debemos nutrir el cuerpo de Dharma cada día.

Estar sentado durante largo tiempo conduce a Chan, y permite limpiar y purificar la mente

La finalidad de sentarse a meditar es abrir nuestra sabiduría. La iluminación es la apertura de nuestra sabiduría. Con la sabiduría ya no estaremos más confundidos como lo estábamos en el pasado.

Si nos sentamos sin movernos y nuestra mente no deambula, podemos entrar en samadhi. Cuando tenemos samadhi, nuestra sabiduría se abre naturalmente y todos nuestros problemas se resuelven sin ningún esfuerzo.

El Buda no es diferente de una persona ordinaria. La diferencia es que él tiene una gran sabiduría. Gran sabiduría también significa penetraciones espirituales, gracias a las cuales la mente y el espíritu no tienen obstrucción. Sabiduría y penetraciones espirituales son dos elementos y a la vez no lo son, pero no son la fuerza sobrenatural de los fantasmas. Las penetraciones fantasmales surgen de usar la deducción perceptiva de la mente. Los fantasmas pueden pensar que ellos son inteligentes, pero no lo son. La verdadera sabiduría no requiere pensamientos. Cuando logremos una auténtica sabiduría, nuestro conocimiento de las cosas vendrá naturalmente y lo podremos ejercer con libertad. Cuando tenemos sabiduría, entendemos completamente todas las cosas. Sin sabiduría, todas las cosas se vuelven confusas. Las cosas pueden estar revueltas, pero quien carece de sabiduría aún es inconsciente de ello. Si uno conoce sus propios errores, todavía puede ser salvado. Sin embargo, si uno es inconsciente de sus propios errores, el resultado será un ¡verdadero sufrimiento!

Si deseamos abandonar el sufrimiento y obtener felicidad, debemos tener sabiduría. Con sabiduría no necesitaremos sufrir más. Si entendemos este principio, podemos evitar muchas más aflicciones. Realmente, este razonamiento es muy simple. Sin embargo, sentarse en Chan requiere de tiempo. Como expresa el dicho:

> *Luego de practicar sentado durante un*
> *largo tiempo el Chan aparecerá.*
> *Luego de vivir en un mismo sitio durante un*
> *largo tiempo se desarrollarán afinidades.*

Investigar el Chan realmente limpia y purifica nuestra mente. Aquietar los pensamientos es calmar nuestros pensamientos y liberarnos de todas nuestras impurezas. Esto es exactamente lo que el Venerable Maestro Shen Xiu quería expresar cuando dijo:

> *Debemos limpiarlo con constancia,*
> *y no dejar que se deposite el polvo.*

Si entendemos este principio, debemos hacer un firme esfuerzo en nuestra práctica del Chan. Todos debemos esforzarnos y ser pacientes. Debemos soportar los dolores de nuestra espalda y de nuestras piernas; debemos soportar esas penas. Recuerden:

> *Si el ciruelo no resistiera al frío*
> *que cala hasta los huesos,*
> *¿cómo podría la fragancia*
> *de sus flores ser tan dulce?*

2. ¿Qué es Chan?

Concentrarse en un punto es la llave para alcanzar éxito

En la cultivación es esencial aprender el método de sentarse a meditar. ¿Qué significa la palabra Chan? Chan es la abreviación china del término sánscrito dhyana.

Dhyana significa cultivación mental que conduce a tranquilizar nuestros pensamientos. La meditación Chan es el método usado para alcanzar dhyana, la quietud de nuestros pensamientos.

¿Por qué necesitamos sentarnos? Eso nos da una oportunidad para apaciguar nuestros pensamientos dispersos. Generalmente, nuestras mentes deambulan cuando nos sentamos. ¿Hacia dónde? Ellas producen falsos pensamientos que van hacia todas direcciones. Sin necesidad de pagar boletos, podemos realizar viajes espaciales. Los falsos pensamientos vuelan por todos lados sin ninguna limitación. ¿Por qué la gente no tiene sabiduría? Porque la mente deambula por

15

todos lados. ¿Por qué envejecemos día a día? Porque la mente se precipita por todos lados.

Supongamos que alguien maneje un nuevo auto imprudentemente y sin rumbo. Haciendo esto, definitivamente consumirá y desperdiciará mucho combustible. Eventualmente, el auto y sus partes se dañarán y se producirán dificultades mecánicas. Esta analogía se aplica también al cuerpo humano. Si no sabemos cómo cuidarlo bien, si lo consentimos sin contenerlo, definitivamente consumirá mucho 'combustible'. ¿Qué es el 'combustible'? Es nuestra preciosa energía mental. No importa cuántas veces lo llenemos, siempre lo agotaremos.

Tomemos el ejemplo de las personas que consumen tónicos todos los días, pensando que están reabasteciendo sus cuerpos con nutrientes. Si no atesoran su energía mental y son muy auto-complacientes, entonces, sin importar cuántas veces consuman tónicos, nunca repondrán la energía desperdiciada. Como dice un proverbio: "Concentrarse en un punto focal es la llave para tener éxito en todo".

Debemos contener nuestros pensamientos y concentrarlos en un punto fijo. De esa manera, no agotaremos nuestra energía mental. En otras palabras, si sabemos manejar un carro, no manejaremos con imprudencias, y los accidentes se evitarán; y nuestro auto durará mucho tiempo. De la misma manera, si sabemos cuidarnos y cultivar adecuadamente, este cuerpo no envejecerá ni morirá.

Girando una flor, el Buda reveló el sello de mente a mente

El Buda Shakyamuni inició la investigación del Chan en la Asamblea del Pico del Buitre, cuando mantuvo una flor en lo alto para indicar la transmisión de la sutil y maravillosa puerta del Dharma del sello de la mente. En ese tiempo, el Patriarca Mahakasyapa entendió la intención del Buda y sonrío ampliamente. Desde ese momento en adelante fue transmitida la puerta del Dharma del sello de la mente de los budas y de los patriarcas. En realidad, el Patriarca Mahakasyapa ya tenía más de 100 años y debido a que practicaba enérgicamente el ascetismo, normalmente él no hubiera sonreído. En esa ocasión, su sonrisa era una indicación de que había recibido el 'sello de mente a mente del Buda'.

La contemplación en quietud permite obtener Chan

Chan significa pensamientos quietos. Solamente podemos comprender el Chan si aquietamos nuestros pensamientos. Samadhi significa no moverse. Si nos movemos, no tenemos samadhi.

Tomando la alegría del Chan como alimento, se manifestará el samadhi Chan. Cuando cultivamos el Camino, practicamos meditación sentados. Para poder desarrollar el Chan, necesitamos sentarnos en meditación. Nuestras habilidades se manifestarán cuando estemos haciéndolo.

No debe darse el caso de que tan pronto uno se sienta en meditación, se duerma. Eso no es Chan en posición sentada. Es simplemente quedarse dormido. Dormir no es Chan ni es samadhi. En el Chan, uno no se duerme. Una vez que entras en samadhi, la alegría del samadhi Chan es diferente a la de dormir. Cuando uno se duerme, ya ha perdido los sentidos y el conocimiento espiritual. Sin este conocimiento uno duerme confusamente sin saber de nada. Entrar en samadhi requiere que uno se siente en posición erguida, con la espalda derecha y manteniendo la cabeza sin cabecear ni inclinar el cuello.

¿Qué es poder de samadhi? Samadhi tiene una cierta energía que soporta y mantiene el cuerpo en una posición vertical de tal manera que uno no se incline hacia adelante o hacia atrás. Sentándose en posición vertical sin ningún esfuerzo se puede entrar en el samadhi Chan. En medio de samadhi hay una alegría inimaginable que es inexplicable e indescriptible. Debido a que supera lo que la mente pueda imaginar, se describe de la siguiente manera:

> El camino de las palabras y del discurso ha sido cortado.
> El lugar de la actividad mental ha sido eliminado.

En el samadhi Chan experimentarán un regocijo continuo e interminable. Experimentar la alegría del samadhi Chan nos inspira coraje y vigor que sobrepasa lo ordinario. Ese tipo de coraje y vigor es extremadamente fuerte y poderoso. Ninguna otra fuerza puede superar ese tipo de poder.

Cultivación mental disminuye falsos pensamientos

El sentarse a practicar Chan se conoce también como cultivación del pensamiento. De esta definición sabemos que es imposible no tener falsos pensamientos durante una sesión de Chan. Normalmente, nuestros falsos pensamientos van y vienen como si fueran olas sobre la superficie del agua. Las olas surgen debido al viento. Cuando meditamos, ¿por qué surgen falsos pensamientos? Porque nuestra propia naturaleza todavía contiene falsedad. Esta falsedad es como el viento y los falsos pensamientos son como olas en la superficie del agua.

Cuando practicamos meditación necesitamos silenciar nuestros pensamientos. Esto significa que debemos detener los vientos falsos.

La cultivación del pensamiento tiene como finalidad reducir los falsos pensamientos y detener las olas que surgen constantemente en nuestra mente.

Silenciar significa calmar los pensamientos de tal manera que cese su movimiento. Cuando dejamos de pensar y deliberar, el poder de samadhi surgirá. Con el tiempo, este poder de samadhi se desarrolla y la sabiduría se manifestará. Con sabiduría, nuestra mente puede iluminar la verdadera naturaleza de todos los dharmas.

Cuando no surja ni un simple pensamiento,
la sustancia entera se manifestará.

Cuando la mente esté completamente silenciada, de tal manera que ni siquiera quede una sola pizca de falso pensamiento, seremos capaces de entrar en samadhi y, de esa manera, nuestra sabiduría original se manifestará. Entonces entenderemos verdaderamente la razón básica por la cual somos seres humanos y no seguiremos siendo movidos por agentes externos. Cuando la multitud de condiciones externas no mueve nuestra mente, entonces podemos considerar que estamos:

En una talidad inmóvil donde todo es
absolutamente claro y constantemente comprendido.

En ese momento, los ocho vientos: la alabanza y el ridículo, la pena y la alegría, la ganancia la pérdida, la difamación y el elogio, no serán capaces de mover nuestra mente.

La gente nos puede alabar o ridiculizar a su antojo.
Nos avanzamos vigorosamente,
sea en condiciones favorables o adversas.
Ningún sufrimiento o alegría moverá nuestras
mentes.

Ganancia se refiere a cosas que benefician a uno; pérdida se refiere a cosas que perjudican a uno; difamación significa calumnia; elogio es glorificar el nombre de uno.

Sin ser movido por los ocho vientos,
me siento erecto en un loto violeta dorado.

No ser derribado por los ocho vientos es el resultado de la cultivación del pensamiento o de aquietar la mente. Al no ser movidos por factores externos, podemos entender cómo practicar meditación sentados.

Silenciar la mente revela nuestra sabiduría

Investigar el Chan requiere el no movimiento de la mente y de los pensamientos, y esto significa silencio. El método Chan funciona como un cuchillo que corta de manera precisa y derecha. Debido a que la investigación del Chan está separada de la conciencia mental, se la conoce también como, poner fin a la mente. Poner fin a la mente significa poner fin a todas las actividades mentales de la conciencia mental. Solamente cuando todas las actividades de la mente falsa hayan sido detenidas, los pensamientos serán acallados.

Cuando esto suceda, hemos alcanzado la iluminación súbita del poder de ver y conocer el estado de la vacuidad de personas y de dharmas. Entonces obtendremos la paciencia con el no surgimiento de las personas y de los dharmas. Y certificaremos cuatro etapas de la práctica que son: calor, cumbre, paciencia y ser primero en el mundo.

1. Calor. Esta energía cálida viene cuando nos sentamos en meditación.

2. Cumbre. Esta energía asciende a la cima de nuestra cabeza a medida que continuamos con la práctica.

3. Paciencia. Resulta muy difícil ser paciente, pero aún debemos ser pacientes.

4. Primero en el Mundo. Nos convertimos en un gran héroe que trasciende el mundo.

Si queremos alcanzar estas cuatro etapas, primero debemos aprender a acallar la mente. Nuestra conciencia mental debe permanecer inmóvil.

Nuestros pensamientos son como las olas que no pueden ser calmadas. Sentarse en meditación tiene como propósito detener el movimiento de la consciencia mental; y esto se detiene eventualmente. Una vez detenida, la mente se aquieta. Cuando esta quietud llega al extremo, la sabiduría se manifiesta. Con la sabiduría revelada, estaremos iluminados.

Cuando la calma alcanza un punto culminante,
la luz penetra por todas partes.

Esta es la iluminación súbita del poder de ver y conocer el estado de la vacuidad de personas y de dharmas.

El sabor de la paz y de la tranquilidad es infinitamente maravilloso

¿Cuál es el sabor del Chan? Es la alegría de realizar el samadhi Chan y de obtener una sensación de luminosidad y tranquilidad. Esta experiencia infinitamente maravillosa desafía a la conceptualización y a la descripción verbal. Quienes han experimentado personalmente ese estado, lo aceptan tácitamente. Al igual que como cuando alguien bebe agua, él mismo sabrá si es caliente o frío, así también la luminosidad y la tranquilidad son algo que nosotros mismos conoceremos cuando nos sucedan. Si desean saber si el sabor del Chan es dulce o amargo, tendrán que trabajar muy duro en la investigación del Chan. Cuando hayan alcanzado un cierto estado, ustedes conocerán naturalmente el sabor.

Por lo tanto, ustedes tienen que investigar y cuando hayan investigado hasta que la verdad emerja, entonces experimentarán el sabor del Chan. El Chan no es para ser hablado, sino para ser investigado.

Esta es la razón por la cual la escuela Chan no se enseña usando palabras o literatura. Su verdad se transmite fuera de la enseñanza. Es un método que apunta directamente a la mente humana de tal manera que uno pueda ver su propia naturaleza y alcanzar el estado del buda.

Cuando una persona que investiga el Chan haya alcanzado un alto nivel de realización, nunca se enojará. No luchará o competirá con otros, porque habrá alcanzado el Samadhi de la No-Controversia. No buscará fama ni adquisiciones porque verá la riqueza como si fueran gotas de rocío en las flores; verá el estatus oficial como si fuera escarcha sobre un techo. Ambos desaparecerán sin dejar rastros en ningún momento.

3. DIEZ BENEFICIOS DEL CHAN

Diez beneficios en la investigación del Chan

1. Seguir una disciplina para las prácticas.

Cuando nos sentamos en meditación e investigamos el Chan todos los días, adquirimos una cierta conducta; esta conducta requiere práctica. Cuando investigamos el Chan año tras año, mes tras mes, día tras día, hora tras hora y minuto tras minuto, existen maneras apropiadas para la práctica. Un ejemplo es la meditación al correr. Cuando es tiempo de realizar meditación al correr por la sala de Chan, alguien grita "¡corran!" y todos corren. Podemos correr hasta que transpiremos y casi nos desmayemos. Podemos correr hasta que no seamos conscientes de los cielos arriba, la tierra abajo y la gente que está en el medio. Durante la meditación al correr podemos llegar a perder consciencia de nuestro propio ser y, fundamentalmente, a que no haya más un yo. Cuando nuestra meditación al correr, alcance el punto en el cual no tengamos más noción de nosotros mismos y de los demás, entonces estaremos contemplando cómodamente. Ante la ausencia de un yo, no tendremos falsos pensamientos. Ante la ausencia de la gente, no tendremos falsos pensamientos acerca de los demás. En ese momento estaremos contemplando cómodamente.

Ni en el vacío ni en la forma
uno ve al "Así Venido".

El Buda no cae en las categorías de vacío o existencia, lo que significa que Él no es vacío ni tiene sustancia. Por lo tanto, si nos damos cuenta de que el cuerpo del Dharma del "Así venido" no es vacío ni tiene sustancia, entonces habremos visto el cuerpo del Dharma del "Así venido". Llegamos a esto a través de prácticas que nos producen una vida pacífica.

2. Usar bondad en lo que hacemos.

Esto no significa necesariamente tratar bien a los demás. Cuando sea necesario usar la bondad, debemos usar bondad y compasión para enseñar y transformar a la otra persona. Usamos el método de absorción. Si encontramos a un ser que necesita ser exhortado o reprendido para que pueda despertar, debemos estar motivados por la amabilidad y la compasión cuando lo exhortamos o lo reprendemos. Por ejemplo, en la sala de Chan, la tabla de incienso se usa a menudo para golpear ligeramente a la gente para despertarla. Allí a menudo hay casos de personas que son golpeadas. Sin embargo, este tipo de golpe es diferente del golpe ordinario, porque la intención en este caso es de hacer posible que la persona se despierte. Esto es por su propio bien, porque esperamos que observe las reglas y se deshaga de sus falsos pensamientos. Así es como se usa la bondad en lo que hacemos.

3. La ausencia del calor del arrepentimiento.

El calor del arrepentimiento es una aflicción. En el arrepentimiento, la mente origina aflicción y eso genera calor. Por lo tanto, este tercer beneficio significa no tener aflicciones.

4. Salvaguardar las facultades sensoriales.

Esto significa vigilar las seis facultades sensoriales. ¿Por qué necesitamos salvaguardar las seis facultades? Si no lo hacemos, ellas se fugarán. Los ojos serán atraídos por las formas; las orejas serán seducidas por los sonidos; la nariz reaccionará a los olores; la lengua se involucrará con los sabores; el cuerpo será influenciado por el tacto; y la mente se permitirá construcciones mentales. Esta es la razón por la que debemos salvaguardar las seis facultades hasta que emitan una luz que sacuda la tierra. ¿Por qué emiten luz? La luz es emitida cuando no tenemos más falsos pensamientos y nuestra sabiduría original se manifiesta. Cuando la sabiduría brilla a través de los tres mil grandes miles de mundos (trichiliocosmo), las facultades sensoriales emiten una luz que estremece la tierra.

5. Conocer la alegría de no comer.

Una persona que investiga el Chan obtendrá la alegría del Chan como alimento y será colmado con el deleite del Dharma. Sentirá contento aun sin tener que consumir alimentos. Quien investiga el Chan y logra alcanzar al estado de felicidad sin sentir hambre aun sin ingerir alimentos ha alcanzado a este quinto beneficio. ¿Le ha sucedido esto a alguno de ustedes?

6. Estar apartado del amor emocional y del deseo emocional.

Cuando nuestras mentes no abriguen pensamientos de amor emocional y deseo emocional, entonces nuestras mentes están claras y puras. El amor emocional y el deseo emocional son impurezas y las impurezas resultan en nacimiento y muerte. ¿Por qué los seres humanos ordinarios como nosotros experimentamos nacimiento y muerte? Porque no hemos extinguido ni el amor emocional ni el deseo emocional.

¿Por qué la gente ordinaria se mantiene continuamente rotando en los seis caminos del renacimiento sin terminar con el nacimiento y la muerte? Porque abriga pensamientos de amor emocional y deseo emocional y nunca puede dejar de hacerlo. Si no puede extinguir el amor emocional y el deseo emocional, no puede terminar con el nacimiento y la muerte. Mientras no hayamos terminado con el nacimiento y la muerte, rotaremos continuamente por los seis caminos. Aquellos que investigan el Chan, si logran apartarse de los pensamientos de amor emocional y deseo emocional, las puertas del infierno se mantendrán cerradas para ellos.

7. La cultivación no será en vano.

¿A qué se refiere esto? Se refiere a que el único temor es que no cultivamos, si lo hacemos, la cultivación no será en vano. Cuando nos sentamos en meditación durante una hora, nuestra vida de sabiduría se alarga una hora. Cuando meditamos durante dos horas, nuestra vida de sabiduría se extiende por dos horas. Si investigamos el Chan cada momento, hora, día, mes y año, nuestra sabiduría inherente se manifestará con seguridad. Por lo tanto, la cultivación del Chan nunca será en vano. Mientras cultivemos, no pasaremos el tiempo en vano.

8. Permanecer libre del karma demoníaco.

Los cultivadores pueden mantenerse libres del poder kármico de los demonios. Una vez liberados de los obstáculos kármicos de los demonios, éstos no podrán obstruirles.

9. Permanecer en el estado del buda.

Si podemos investigar constantemente, podemos ganar este noveno beneficio de permanecer en el estado del buda.

10. Ganar liberación completa.

Este es el beneficio al que todos aspiramos. Liberación completa significa no tener obstrucciones. Sin obstrucciones, alcanzaremos el cuerpo claro y puro del Dharma.

Estos son los diez beneficios de investigar el Chan.

4. ¿CÓMO INVESTIGAR EL CHAN?

a. Meditación en posición sentada

La postura de vajra disipa
a los demonios

Cuando se sienten en Chan, presten atención a que la postura sea correcta. Una postura correcta beneficia el cuerpo y la mente. Sin ello, sentarse en Chan pierde su significado. Cuando nos sentamos en meditación, primero necesitamos relajar el cuerpo y la mente. No hay que ponerse tenso. Sería ideal sentarse en loto completo que es la postura básica. Para esto, primero pongan el pie izquierdo sobre el muslo derecho y después muevan el pie derecho sobre la pierna izquierda. Esto también se llama postura vajra que significa firme e inmóvil. Todos los budas del pasado han alcanzado el estado de Budeidad sentándose en la posición vajra. En esta postura podemos dominar a los demonios celestiales y contrarrestar a los practicantes de otras creencias. Cuando nos ven en esta postura, ellos se rinden y retroceden, sin atreverse a avanzar y crear problemas.

Una vez que estamos sentados en la postura de loto completo, nuestros ojos deben contemplar la punta de la nariz y no mirar hacia la izquierda o la derecha.

Los ojos contemplan la nariz.
La nariz contempla la boca.
La boca contempla el corazón.

De esta manera podemos concentrarnos en cuerpo y mente. La mente es como un mono o un caballo salvaje, y tienen que sujetarla para que no se escape. Se dice:

La concentración produce resultados eficaces.
Estar disperso no resulta en nada.

Necesitamos sentarnos apropiadamente, manteniendo nuestra espalda derecha y nuestra cabeza erguida. No inclinarse hacia adelante, hacia atrás o hacia la derecha o la izquierda. Siéntense firmemente, siendo tan estables como una gran campana, del tipo que no se balancea o se mueve.

No hay que ser como un pequeño badajo que se balancea hacia atrás y hacia adelante. El loto completo es la postura apropiada para sentarse en Chan. Los principiantes en la meditación Chan que no están acostumbrados a esto, podrían experimentar dolor de piernas y tener dolor de espalda. No se preocupen.

Simplemente aprieten los dientes y sean pacientes por un momento y esas sensaciones disminuirán naturalmente. Un dicho afirma: "Sentándose durante largo tiempo se produce Chan". Eventualmente lograrán de modo natural el sabor del Chan.

La postura de loto completo facilita entrar en samadhi

La posición de loto completo es otro nombre para la postura vajra ya descrita. Colocando nuestro pie izquierdo encima de nuestro muslo derecho y luego colocando nuestro pie derecho encima de nuestro muslo izquierdo, obtendremos la posición de loto completo. El pie izquierdo pertenece al yang, mientras que el pie derecho pertenece al yin. Cuando asumimos esta postura de meditación, el pie izquierdo, que es el yang, se coloca primeramente, de tal manera que esté abajo, mientras que el pie derecho, que es el yin, se coloca en segundo lugar, arriba.

Este balance de yin y yang puede ser visto en el símbolo tài-chi, que describe el absoluto, del cual proviene el inicio fundamental y, por lo tanto, de ese inicio fundamental, las dos fuerzas primarias del yin y el yang son mostradas simbólicamente como dos peces entrelazados.

Para quienes lo prefieran, también es aceptable

poner los pies en el sentido contrario. El Dharma no es rígido y puede ser adaptado de acuerdo a la preferencia de la persona. No es necesario sujetarse rígidamente a los detalles de la postura sentada. Estoy enseñando el método clásico, donde el pie izquierdo va sobre el muslo derecho y el pie derecho sobre el muslo izquierdo. No es una regla fija que se tengan que sentar en esta posición.

En conclusión, la postura de loto facilita la entrada en samadhi. Hace que sea más fácil realizarlo. Si pudiéramos entrar en samadhi mientras caminamos, no sería necesario sentarse. El estado de samadhi está desprovisto de falsos pensamientos. Cuando la mente no abriga ni un solo pensamiento, entonces no estará manchada ni siquiera por una pizca de polvo. Cuando nuestras mentes no abrigan pensamientos y no están manchadas ni siquiera por una pizca de polvo, entonces podemos continuar desarrollando nuestra habilidad mientras caminamos, estamos de pie, nos sentamos o nos reclinamos. En ese punto, no estaremos limitados solamente a la postura de sentado.

Una vez que el dolor cese, comienza a investigar el Chan

Cuando aprenden por primera vez cómo sentarse en la postura de loto completo, si sus piernas se sienten tiesas y doloridas, pueden sentarse de un modo más confortable. Después de esto, pueden aprender a sentarse en la posición de medio loto. Luego, cuando sus piernas no se sientan tan doloridas, pueden aprender a sentarse en la posición de loto completo. Cuando sus piernas no les duelan más, habrán empezado realmente a investigar el Chan. Esto marca el verdadero comienzo. Básicamente, la investigación del Chan es buscar algo que hacer cuando uno no tiene nada que hacer. Por ejemplo, un cultivador que ha comido hasta saciarse, duerme lo suficiente, está cálidamente vestido y no tiene nada que hacer, entonces investigará el Chan. Siendo uno hábil en eso, puede andar y desempeñarse en el mundo.

Sentarse derecho sin inclinarse

La postura básica de la meditación en posición sentada requiere que nuestro cuerpo se mantenga en posición vertical. Debemos sentarnos derechos y no inclinarnos en una dirección o en otra. Sin embargo, no deben forzarse; debe venir de modo natural. Enrollen la punta de la lengua hacia atrás y dejen que toque el paladar superior. Luego traguen su saliva. Cuando fluye en el estómago, puede balancear la energía y la sangre.

El rocío dulce cura diversas enfermedades

Cuando nos sentamos en Chan con nuestra lengua enrollada hacia atrás tocando el paladar superior, podemos generar mucha saliva. Debemos tragarla. Esa saliva es llamada rocío dulce. ¿Por qué? Después de haber practicado Chan durante un extenso periodo de tiempo, nuestra saliva se torna dulce. Aunque pueda no ser tan dulce como el azúcar o la miel, todavía tiene una dulzura ligera. Cuando traguemos regularmente ese rocío dulce, no sentiremos hambre ni sed, incluso sin comida o bebida.

Cuando la práctica de una persona alcanza la etapa en la cual ya no está consciente del hecho de caminar, estar de pie, sentarse o reclinarse, su habilidad se fusiona con cada movimiento, y ella se encuentra en samadhi en todo momento. Esto se describe como:

El Naga permanece siempre en quietud,
nunca hay un momento de no quietud.

El rocío dulce que tragamos puede curar numerosas enfermedades, fortalecernos físicamente y ayudarnos a abrir nuestra sabiduría. Pero debemos practicarlo diligentemente sin interrupción. ¿Por qué los cultivadores no desean hablar mucho? Ellos necesitan concentrarse en su práctica. Independientemente de lo que estén haciendo, juntando leña, recogiendo agua, recibiendo y despidiendo invitados, o viajando; están siempre practicando duramente. Cuando nuestra habilidad alcance un grado de madurez, continuaremos la práctica con firmeza aún sin ningún esfuerzo volitivo. De modo natural estaremos investigando ¿quién es consciente del buda? Cuando investigamos al punto de no ser movidos por el viento o por la lluvia, nuestra habilidad resulta de tal magnitud que el viento y la lluvia no nos pueden invadir. Naturalmente, este tipo de habilidad no se logra de la noche a la mañana. Esto es porque, en cada momento, tenemos que ser conscientes del presente.

También se hace referencia al rocío dulce como 'nuestra propia bebida' y se reconoce como una medicina que produce liberación del nacimiento y de la muerte. Es un elixir que mejora la longevidad. Es un tónico para escapar del ciclo del renacimiento en los seis reinos de la existencia. Todos tenemos esta medicina pero muchos se niegan a tomarla. La mayoría de las personas ignoran la raíz y son atraídas por la punta de las ramas. En otras palabras, ellos buscan en el exterior, arriba y abajo.

Este tónico de rocío dulce se origina de nuestra propia naturaleza. Si nos esforzamos constantemente en nuestra práctica, nuestra saliva se torna dulce, incluso más dulce que la miel. Cuando esta medicina surta efecto, el cuerpo sufrirá cambios internamente. Quienes no han experimentado este beneficio en la cultivación, no sabrán de qué estoy hablando. Quienes lo han experimentado, serán siempre diligentes. No postergarán la cultivación ni pondrán frenos. Debemos ser persistentes en mantener esta práctica y protegerla constantemente. No debemos ser erráticos en nuestra práctica, de tal manera que nosotros:

Pescamos durante tres días,
y después secamos la red durante dos.
Calentamos algo durante un día,
y después lo dejamos enfriar diez.
Recogemos una flor de loto ahora,
y después recogemos una peonía mañana.

Necesitamos una sinceridad firme y una determinación honesta. Debemos practicar arduamente de forma constante para que podamos progresar en el Camino. Progresar un día y luego retroceder el siguiente es una pérdida de tiempo.

Los ojos contemplan la nariz, la nariz contempla la boca y la boca contempla el corazón

Cuando nos sentemos en meditación, sentémonos de manera vertical y erecta. No se inclinen hacia atrás o hacia adelante ni bajen su cabeza. Mantengan la cabeza erguida. Los ojos deben ver la nariz para ver si las fosas nasales están apuntando hacia arriba o hacia abajo. Presten mucha atención a esto. La nariz debe mirar la boca. Pero se preguntarán, ¿tiene ojos la nariz? Concentrándose en la boca, la nariz desarrollará ojos gradualmente. Cuanto más se enfoque la nariz en la boca, más rápido la nariz verá realmente la boca. La nariz contempla la boca, y la boca pregunta al corazón; investiga si tu propio corazón es negro, blanco, amarillo o rojo. ¿Qué tipo de corazón es? Ve e investígalo.

Si descubren que es negro, entonces tienen que convertir el corazón negro en blanco. Si ven que su corazón negro se convierte en blanco día a día hasta que llega a ser un tesoro de luz brillante que se integra con el reino del Dharma, entonces sabrán que están logrando una pequeña habilidad. No respiren a través de la boca. Respiren a través de la nariz. A veces los pasajes nasales están bloqueados, lo que hace difícil la respiración nasal. Sin embargo, si pueden respirar a través de la nariz, cuando inspiran, lleven la respiración hacia abajo, justo detrás del ombligo, no debajo de él. Ese lugar es vacío y no tiene nada. De hecho, desde el principio no ha habido nada allí. Ese es el lugar donde la respiración tiene que terminar.

A veces la gente que practica preguntará: "¿Sabes cómo atrapar la respiración?". Esta es una pregunta muy importante. Si pueden atrapar la respiración, entonces su respiración externa se convierte en una respiración interna. Esa respiración interna reemplaza la respiración externa. Esta es la razón por la que un practicante con suficiente habilidad no respira externamente. Esa respiración externa se ha detenido, pero la respiración interna funciona. Con la respiración interna no hay exhalación a través de la nariz o la boca, sino que todos los poros del cuerpo están respirando. Una persona que está respirando internamente aparece como si estuviera muerta, pero realmente no ha muerto. No respira externamente, pero la respiración interna cobra vida.

En ese momento, cuando sus ojos ven formas, adentro no hay nada, porque todas las formas han sido vaciadas. Los oídos escuchan sonidos pero la mente no lo sabe. Cuando contemplan su mente, la mente también está vacía. Al prestar atención a las formas, éstas se desvanecen. Al ver a lo lejos los objetos, ellos también resultan vacíos. Pero en ese momento, no deberían pensar que ustedes son grandiosos; simplemente han activado un recurso inicial y están experimentando un estado de paz ligera. No confundan un ladrón con su propio hijo. No se equivoquen acerca de dónde están en su práctica, pensado que ya son extraordinarios.

Calor, cúspide, paciencia, primero en el mundo

Cuando nos sentamos en meditación, la lengua toca el paladar superior. Este es el punto donde los dos canales del ren y del du se conectan. Cuando estos dos canales están interconectados, la circulación de energía y la de sangre también están interconectadas; uno tendrá un sentimiento confortable. Se debe tragar la saliva de la boca para llevarla al estómago. Hacer esto frecuentemente es como usar rocío dulce para regar y nutrir un joven retoño de bodhi. Después de sentarse por algún tiempo, una energía cálida llena el cuerpo y puede volverse muy caliente. En esta etapa empiezan a ocurrir ciertos cambios.

1. El calor es el primer estadio. Este calor se origina en un punto que se encuentra justo detrás del ombligo, se propaga por todo el cuerpo y después circula de regreso al punto original. Esta energía cálida circula de esa manera una y otra vez durante la etapa del calor.

2. La cúspide es el segundo estadio. Cuando han experimentado el calor durante algún tiempo, en el cual la planta química del cuerpo de cada uno ha hecho los experimentos necesarios, llegarán a la cúspide. En la cúspide, sentirán como si hubiere algo en la parte superior de la cabeza y no encontrarán nada. Si hay algo, no lo podrán ver o tocar; solamente experimentarán esta sensación y lo que sentirán usualmente es indescriptible.

3. La paciencia es el tercer estadio. Después de la etapa de la cúspide, empezarán a experimentar una sensación insoportable. Sin importar cuán insoportable sea esta sensación, tendrán que soportarla. Esto se conoce como la etapa de la paciencia. Después de la etapa de la cúspide viene la de la paciencia. Es muy difícil pasar la etapa de la paciencia, debido al malestar asociado con la parte superior de la cabeza. Pareciera como si hubiera algo que estuviera tratando de perforar un agujero hacia fuera. En ese momento tienen que ser muy pacientes. A medida que el tiempo pasa, el taladro penetra y emerge de la parte superior de la cabeza, como si fuera un pequeño pájaro que ha sido liberado de su jaula. Y como un pájaro libre, se sentirán excepcionalmente felices.

4. Primero en el mundo es el cuarto estadio. El que logra liberarse siente una felicidad indescriptible, es como la alegría que siente el pájaro cuando logra salirse de la jaula. Esta es la paciencia número uno en el mundo, por la cual se le llama al cuarto estadio primero en el mundo. También se conoce como ser el gran personaje número uno del mundo, o el gran héroe número uno del mundo. Como no tienen par, serán llamados número uno del mundo. Aún cuando resulten ser el número uno del mundo, tendrán que ser cuidadosos y continuar cultivando todos los días.

Dominar las aflicciones huésped-polvo es como dejar asentar el agua enlodada

Cuando nos sentamos en Chan, debemos limpiar nuestra mente y reducir nuestros deseos. Este es el primer paso en la cultivación. Limpiar la mente se refiere a dominar las aflicciones que son transitorias; estas son como huéspedes que no permanecen, como partículas de polvo que vuelan de un lado a otro. Nuestras aflicciones turbias nos hacen sentir como una jarra de agua enlodada. Si mantenemos sacudiendo la jarra, el agua permanecerá turbia y no seremos capaces de verlo con claridad. Pero si después de haber vertido el agua enlodada en la jarra, no la sacudimos, entonces el barro y el sedimento se posarán en la parte inferior. Este es el primer paso en la dominación de las aflicciones huésped-polvo. Sentándose adecuadamente en meditación por lo menos un ksana (un momento) se generará más mérito que construyendo tantas pagodas de las siete joyas como granos de arena hay en el río Ganges. Esto es porque, sentándose en meditación, podemos dominar nuestras aflicciones huésped-polvo y permitir que el sedimento de los cinco deseos se deposite en el fondo.

Una mente clara es como un estanque tranquilo que puede reflejar la luna.
Una voluntad calma es como un cielo brillante sin rastros de nubes.

Investigar el Chan mientras camina, estar de pie, estar sentado o se reclina

Sentarse en Chan no es una diversión; hay que soportar trabajos duros. La primera sesión empieza a las 3 de la mañana, y así continua a lo largo del día hasta la última sesión que termina a las 12 de medianoche. Nosotros reposamos en la noche solo por tres horas. Por la tarde también hay una hora de reposo optativa. Durante la investigación del Chan tenemos que olvidarnos del cuerpo, la mente, el mundo y todo lo demás. Incluso nuestro yo no debe existir más. Todo se torna vacío. Cuando alcancemos el estado del vacío verdadero, una existencia maravillosa aparecerá. ¡Todos deben prestar atención a esto! Durante la cultivación no se debe hablar innecesariamente. Hay que tratar de no tener falsos pensamientos. Prestar atención a no ser perezosos o detenerse a descansar. Debemos valorar cada minuto y cada segundo. Como suele decirse:

Un momento pasado es un momento menos de vida.

Por tanto, tenemos que investigar el Chan mientras caminamos, estamos de pie, nos sentamos y nos reclinamos. Al cultivar el Chan a cada momento, tenemos que prestar atención constantemente a nuestra investigación. Cuanto más investiguemos, llegaremos a ser más transparentes y brillantes.

Concentrarse y perseverar

Cuando investigamos el Chan, no debemos temer a los dolores de espalda y a los de nuestras piernas. Debemos recurrir a nuestra voluntad vajra y usar paciencia y perseverancia para hacerlo. Debemos perseverar constantemente y ser firmes e inflexibles en nuestra resolución. En cada momento debemos practicar firmemente. En el pasado, ancianos virtuosos del Sangha monástico, a pesar de haber practicado meditación sentados durante muchos años, no dejaron de hacerlo. Esto muestra que la cultivación no es tan simple y fácil. Debemos resistir. No podemos tomar hoy una flor de loto y mañana una peonía.

No debemos pensar que sentándonos durante un día nos podemos iluminar. Necesitamos entender la importancia de la paciencia al practicar el Chan sentados.

¿Cómo nos concentramos? Bien, imagínese la intensidad con la que una joven busca a un muchacho que a ella le gusta, o cómo un joven persigue a una muchacha. Así es como debemos concentrarnos en la meditación. Si podemos estar tan determinados y resueltos en nuestra investigación del Chan, de tal manera que seamos siempre conscientes del presente, entonces no hay ninguna razón por la que no tengamos éxito.

Sentarse sólidamente como una gran campana. Caminar ligeramente como una suave brisa

Investigando el Chan, cultivamos el samadhi. La investigación del Chan no es condicional ni incondicional. Superficialmente, la investigación del Chan aparece como incondicional. En realidad, cuando investigamos el Chan, estamos ayudando a incrementar la energía apropiada en el reino del Dharma. Si todos investigaran el Chan, en el mundo no debería de haber guerras. Se dice que:

> *Sentándonos durante un largo tiempo,*
> *ganaremos Chan.*

Pero la investigación del Chan no se hace solamente mientras estamos sentados. Podemos hacerlo también estando de pie, caminando o recostados.

Un cultivador que trabaja duro, no permitirá que lo molesten asuntos mundanos. Él mantendrá el tópico de la meditación en todo momento. Permaneciendo siempre en el presente, investigamos

"¿quién es consciente del buda?". Cuando por causa de nuestra investigación llegamos a un punto extremo donde las montañas desaparecen y las aguas se desvanecen, entonces expresaremos un comportamiento impresionante de modo natural en nuestro caminar, nuestro estar de pie, estar sentados o estar recostados.

1. Siéntense como una campana. Siéntense sólidamente. No sean como un péndulo que oscila de un lado al otro. Siéntense erguidos y derechos, con los ojos contemplando la nariz, la nariz contemplado la boca y la boca contemplando el corazón. Cuando la lengua toque el paladar, traguen la saliva a medida que sea segregada.

2. Caminen como una brisa. Durante el corto período de la corrida, corran como el viento. Dejen que el viento sople al punto de que los cielos desaparezcan, la tierra misma se disuelva y toda la gente de alrededor se desvanezca. Cuando se trabaja duro, no existe seña de otros y por lo tanto, no hay cielo encima, ni tierra debajo, ni personas en el medio. Durante los largos periodos de caminata, debemos caminar como una brisa, sin causar ningún murmullo.

3. Estén de pie como un árbol perenne. Cuando estén de pie, mantengan la espalda erguida.

Manténganse derechos como un noble árbol perenne.

4. Recuéstense como un arco. Cuando se acuesten, asuman la postura reclinada auspiciosa. Acuéstense sobre su lado derecho, con la mano derecha bajo la mejilla derecha y la mano izquierda reposando a lo largo de su lado izquierdo.

El Gran Maestro Yong Jia dijo:

Caminar es Chan, sentarse es Chan.
Al hablar o en silencio, en movimiento o
en quietud, mi cuerpo está a gusto.
Aún si alguien me amenazara con un cuchillo,
yo permanecería tranquilo.
Aún si alguien me envenenara,
no me molestaría.

El maestro Bodhidharma, el primer patriarca de China, fue envenenado en seis ocasiones por practicantes de otras creencias. A pesar de que él sabía muy bien que era veneno, lo consumió. Por eso sabemos que estaba desprovisto de sí mismo y podía mirar a la ligera el nacimiento y la muerte.

Cuando los cultivadores trabajan con empeño, los cielos se estremecen y la tierra tiembla, y los fantasmas y los espíritus sollozan. Incluso los reyes de los demonios se sobresaltan. Trabajando mucho en nuestra práctica, podemos impedir que los reyes de los demonios ejerzan su poder. Eso los sobresalta. Si pudiéramos practicar diligentemente durante 21 horas al día y trabajar duro a cada instante, seguramente provocaríamos que los cielos se estremecieran y la tierra temblara.

En la práctica para alcanzar los Dharmas incondicionados, empezamos con los Dharmas condicionados. No debemos tener miedo del trabajo agotador de los periodos de correr y de sentarse. Correr se puede comparar a lo condicionado, mientras que sentarse se puede comparar a lo incondicionado. Por tanto, existe el dicho:

Dentro de lo incondicionado hay condiciones.
Dentro de las condiciones se encuentra lo incondicionado.
Lo que es condicionado es también incondicionado.
Lo condicionado es incondicionado.
Lo incondicionado es condicionado.

Al aumentar las habilidades, disminuyen las aflicciones

Sentarse en Chan es como ser un entrenador de caballos o un entrenador de monos. No es tan fácil. Sin embargo, aunque no sea fácil, tenemos que sentarnos sin importar cuán dificultoso sea. En este mundo, cualquier cosa que quieran hacer no es fácil y requiere de mucho esfuerzo.

Una sesión de Chan es algo similar. Requiere una buena dosis de trabajo duro y esfuerzo. Si podemos dominar nuestra mente loca y calmar nuestra naturaleza salvaje y si podemos confinar la ignorancia y los falsos pensamientos a un solo lugar, entonces nuestra habilidad aumentará día a día y nuestras aflicciones disminuirán respectivamente.

Sentarse en meditación es como desenredar un capullo de seda

Cuando nos sentamos en meditación, es como si desenredáramos la seda de un capullo. Somos como gusanos de seda encapsulados en un capullo, atrapados en los seis deseos y limitados por las siete emociones, que son: alegría, enojo, pena, temor, amor emocional, odio y deseo. Aunque estas siete emociones no pueden ser erradicadas inmediatamente, deben ser reducidas poco a poco.

1. **Alegría.** No debemos ser excesivamente felices al punto de reír como si estuviéramos locos.

2. **Enojo.** Además, no deberíamos mostrar enojo. Como suele decirse:

   El fuego de la ignorancia, ardiendo como las estrellas,
   consumirá un bosque de mérito y virtud.
   La leña acumulada en mil días
   puede ser quemada por una simple chispa.

Si la mente de ustedes está calma cuando se sientan en Chan, se sentirán muy pacíficos. Sin embargo, si se permiten tener enojo, los afligirán cientos de tipos de enfermedades. Los huesos y las articulaciones de todo el cuerpo estarán muy adoloridos. El 'fuego' del enojo quemará el árbol de bodhi.

3. **Pena.** No debemos permitirnos estar demasiado tristes.

4. **Temor.** Con temor en nuestra mente, no podemos alcanzar la rectitud.

5. **Amor emocional.** Si vemos a alguien o algo bello y reaccionamos con ansias y deseo. Si notamos que otros tienen cosas lindas y que las codiciamos para nosotros mismos. Esas ansias vienen de pensamientos que están atrapados en amor emocional y codicia.

6. **Odio.** Odio es lo opuesto del amor emocional. El amor extremo a menudo se convierte en odio.

7. **Deseo.** Esto incluye además pensamientos de deseo y especialmente aquellos que son rebeldes, que no están de acuerdo con el Camino.

Estas siete emociones tienen que ser erradicadas poco a poco. Por lo tanto, en nuestra práctica, es necesario limpiar la mente de forma continua. Cuando las siete emociones hayan sido reducidas al punto de desaparecer, entonces no quedará nada. En ese momento, estaremos continuamente en samadhi. Ya sea que estemos caminando, de pie, sentados o recostados, estaremos investigando el Chan y practicando duramente. Es cuando reconoceremos nuestro rostro original y sabremos si las fosas nasales están apuntando hacia arriba o hacia abajo.

Sentarse en perfecta calma

*Sentarse en perfecta calma siquiera por
un instante, genera más mérito que
construir tantas pagodas de siete joyas
como granos de arena del Ganges.*

Un instante incluye innumerables grandes kalpas. Innumerables grandes kalpas no están más allá del pensamiento presente. El pensamiento presente no va más allá de innumerables grandes kalpas. Si nos podemos sentar en perfecta calma así sea por una fracción de segundo, en ese instante nos encontramos libres de cualquier pensamiento falso, no habiendo señas de la gente, del yo, de otros y del periodo de vida; entonces, ni un simple pensamiento surge y todas las condiciones han sido abandonadas. En ese preciso momento, incontables kalpas se concentran en un simple pensamiento y este simple pensamiento corresponde con incontables kalpas.

Pero incluso si nos podemos sentar durante una fracción de segundo, o media hora, o por tres horas o cinco horas o incluso durante siete días y siete noches, todavía tendríamos que mantenernos sentados. Entonces nos daremos cuenta de que por dentro no hay cuerpo ni mente, y por fuera no hay mundo. Este tipo de mérito y virtud es más grande que el de construir tantas pagodas de siete joyas como granos de arena del río Ganges.

¿Por qué esto es así? Es porque el mérito y virtud de construir pagodas tiene forma y cesará eventualmente. Si pueden alcanzar el estado de no tener señas de cuerpo y mente, ni seña del mundo, en ese momento, la propia sabiduría prajna se revelará. Es un tipo de sabiduría que al mirar no lo ve; al oír no lo escucha; al oler, no hay olor. Sin embargo, la consciencia bodhi está presente.

Si pudiéramos, en un instante o un ksana, estar desprovistos de las señas de otros, de sí mismo, de los seres vivos, y del largo de la vida, estaríamos en correspondencia con nuestra naturaleza inherente de buda; la cual puede iluminar la Naturaleza Real de Todo el Dharma. No se produce ni se extingue. No se contamina ni es pura. No se incrementa ni se disminuye. Los rayos solares de nuestra sabiduría inherente no pueden alumbrar porque estamos cubiertos por la ignorancia que es como una nube que nos envuelve; por lo tanto, no tenemos claridad. Como resultado, somos incapaces de distinguir lo correcto de lo incorrecto y viceversa. Tomamos a un ladrón por nuestro hijo y estamos siempre cometiendo errores con falsos pensamientos. Por tal razón, nos mantenemos deambulando en el nacimiento y la muerte, de donde somos incapaces de librarnos.

4. ¿CÓMO INVESTIGAR EL CHAN?

b. Uso de un tema de meditación

Combatiendo veneno con veneno; un falso pensamiento detiene otros falsos pensamientos

Cuando investigamos el Chan, usamos un tema de meditación, una investigación sobre qué precede el estado de no pensamiento. El tópico de meditación más común es "¿quién es consciente del buda?". La investigación del 'quién' es sustentada, simplemente como si estuviéramos usando un taladro para perforar un agujero en la mente. Cuando encontremos el 'quién', entonces nos iluminaremos. Sin embargo, no podemos deducir esto usando nuestra imaginación. No lo podemos investigar con nuestra mente consciente; tenemos que explorar por donde nunca hemos estado, y buscar lo que nunca hemos conocido. Si logra pasar más allá en la investigación usual obtendrá una iluminación súbita. El espacio se hace añicos y los cinco skandhas se desintegran. Esto se describe en el Sutra del Corazón:

> "Cuando el Bodhisattva Avalokitheshvara estaba practicando la profunda prajna paramita (perfección de la sabiduría), percibió con claridad los cinco

skandhas y observó que están todos vacíos, y cruzó
más allá de todo sufrimiento y dificultad. Shariputra,
la forma no difiere del vacío; el vacío no difiere de la
forma. La forma en sí misma es el vacío; el vacío en
sí mismo es la forma. Así también son la sensación,
la percepción, la formación y la conciencia".

Cuando nuestra investigación conduzca a la
desintegración de los cinco skandhas, entonces no
seremos influenciados por los seis objetos sensoriales.
Este es el primer paso para alcanzar el estado de
buda.

Sin embargo, es indispensable que trabajemos
duro. Deben saber que la investigación del Chan es
diferente de la recitación vigorosa del nombre del buda.
Nos recitamos incesantemente "¿quién es consciente
del buda?, ¿quién es consciente del buda?, ¿quién es
consciente del buda?"; como si estuviéramos pidiendo
auxilio. En la investigación del Chan debemos proceder
lentamente; es indagar cuidadosamente en nuestra
propia naturaleza. Como suele decirse:

Investigar produce despertar.
Despertar requiere investigación.

Realmente, '¿quién es consciente del buda?' es también
un falso pensamiento, pero es un caso de usar veneno
para combatir veneno. Usamos un falso pensamiento
para detener todos los falsos pensamientos.

Procede con cuidado y evita la posesión demoníaca

El tema de meditación que investigamos es un falso pensamiento. Nuestra mente está llena de pensamientos dispersos. Al usar el método de combatir veneno con veneno, empleamos un falso pensamiento para detener otros muchos falsos pensamientos. Lentamente, uno por uno, erradicamos los otros falsos pensamientos, de tal manera que no sigan teniendo influencia sobre nosotros. En ese momento, no importa qué estado surja, no seremos engañados por ello. Distinguiremos cosas claramente y no resultaremos poseídos por demonios. Los antiguos dicen:

> *Sería mejor ir sin estar iluminados durante*
> *miles de vidas,*
> *que ser poseído por un demonio durante*
> *siquiera un único día.*

A medida que cultivamos la meditación de Chan, debemos ser cautos y prudentes y no dejarnos llevar.

Debemos ser genuinos, magnánimos y sinceros, de tal manera que los demonios no tengan una oportunidad de perturbarnos. Los pensamientos inútiles abren la puerta a los demonios, pero el tópico de la meditación es un tesoro de Dharma que puede exorcizar los demonios.

Concentrarse en un tema
único de meditación

En la meditación Chan, podemos investigar algunos temas de meditación como "¿quién es consciente del buda?" o "¿cuál fue mi rostro original antes de nacer?" o "¿qué es aquello de lo que no se puede prescindir?" Si todos ustedes pueden investigar sin otro objetivo en la mente, obtendrán beneficios sin ninguna duda.

No permitan que surja ni un solo pensamiento. Sean conscientes del presente

La 'investigación' es similar a perforar madera; ustedes no se detendrán hasta que la perforación haya hecho un agujero a través de la madera. Si se detienen en la mitad de la tarea, entonces, todos sus esfuerzos iniciales habrán sido en vano. La primera prioridad en la meditación Chan es la paciencia. Cuando puedan ser pacientes al extremo, podrán alcanzar un estado de "ni siquiera surge un solo pensamiento". Cuando ni siquiera surja un solo pensamiento, pueden llegar a iluminarse. Se dice:

Den un paso más allá de la punta de un asta de 100 pies.

En ese momento, cuando puedan dar aún otro paso más allá de la punta de un asta de 100 pies, entonces los mundos de las diez direcciones se manifestarán por completo. Para alcanzar este logro, se necesita una dedicación con constancia, de pensamiento tras pensamiento, sin pereza y sin flojera.

Sean como un gato acechando a un ratón o como un dragón protegiendo su perla

Investigar el Chan es como usar un taladro para hacer un agujero. Deben mantenerse taladrando hasta que hayan perforado. Perforar se conoce como "quebrar la investigación fundamental". Tras perforar un agujero, la luminosidad se revelará. Es como una casa oscura, sin ventanas ni puertas, se intenta hacer un agujero con un taladro. Cuando el agujero esta hecho, éste permitirá la entrada de la luz. Ser ignorante y no comprender nada es como estar en un cuarto oscuro sin ventanas ni puertas. Con la práctica de este Dharma, la investigación del Chan, cuando uno llega a un punto suficiente, la luz iluminará hacia dentro. Esto es investigar el Chan.

Existe otra analogía. La meditación es justamente como "un gato acechando a un ratón". El gato es muy atento, y observa el hueco por donde sale el ratón sin perder un instante. Cuando el ratón sale, el gato salta sobre él y lo toma con su garra. El ratón no tiene la posibilidad de escapar. ¿Qué es el 'ratón'? Se refiere a la ignorancia de ustedes. Cuando la luz ilumina, eso equivale al gato que ha atrapado el ratón.

Hay otra analogía, y es como "un dragón cuidando su perla". Un dragón nunca se separa de su gema. Dos dragones se pelean por una perla, y esta perla es aún más valiosa que sus propias vidas. Por lo tanto, el dragón pensará en los diversos modos y medios para proteger su perla. De la misma manera, un investigador de Chan es como un dragón que cuida su perla; es contemplar el presente, de pensamiento tras pensamiento. Si uno mantiene la contemplación, la consciencia está en el presente todo el tiempo. En cambio, si uno no mantiene la contemplación del presente, entonces la mente se ha alejado. ¿A dónde? A producir falsos pensamientos. Con falsos pensamientos, uno no puede mantener la contemplación del presente. Sin falsos pensamientos, uno está en el presente.

Déjenme darles otro ejemplo. ¿Cómo es la meditación? Es como "una gallina empollando sus huevos". Cuando la gallina incuba sus huevos, piensa: "Estoy aquí sentada sobre los huevos. Cuando el momento llegue, los pollitos nacerán". Cuando investigan el Chan, se asemejan a una gallina empollando sus huevos. Piensan: "¡Oh! Un día estaré iluminado. Si practico durante un día, mi propia naturaleza irradiará un poco de luz. Si practico todos los días, la luz de mi sabiduría alumbrará día tras día. Eventualmente, seré igual al Buda sin ninguna diferencia". ¡Cuando investigan de esa manera, son como la gallina empollando sus huevos y el éxito llegará un día! Esto es la investigación del Chan.

El tema de meditación es un Mantra de Compresión

Cuando nos sentamos en meditación, tenemos que capturar al pequeño mono. La mente humana es como un caballo salvaje, y los pensamientos son tan inquietos como un mono; si no lo capturamos, se va hacia todos lados. Nuestra esencia y espíritu se dispersarán y nuestra fuente de energía se consumirá. La fuente energética de nuestra propia naturaleza es muy valiosa; por lo mismo, no merece que nuestra energía sea reducida por el mono. Entonces, necesitamos domar al caballo para que obedezca las instrucciones y entrenar al mono de tal manera que sea obediente. Esto significa que tenemos que controlar nuestra mente de caballo y nuestros pensamientos de mono. ¿Cómo lo hacemos? Necesitan colocarle un aro de compresión y recitarle el mantra. En el relato 'Viaje por el Oeste', tan pronto como el monje Tang recitó el Mantra de Compresión a Sun Wu Kong, él supo comportarse enseguida.

¿Cuál es el mantra de compresión? Es nuestro tópico de meditación, investigar ¿quién es consciente del buda? A través de su uso, 'el mono' se aquietará. Puesto que no conoce ese 'quién', entonces se concentrará en la búsqueda. Una vez se calme y se tranquilice durante la búsqueda, ya no correrá hacia todos lados. ¡Si pueden capturar este mono y dominarlo, se puede decir que tienen algo de habilidad!.

Al apartarse de esto, estarán fuera del lugar

Investigar el Chan no solo se limita a meditación sentada, sino que también se puede aplicar esfuerzo cuando caminamos, estamos de pie, nos sentamos o nos recostamos. Sin embargo, podemos aplicar mayor esfuerzo durante la meditación sentada. Entonces, mientras caminamos, estamos de pie, nos sentamos o recostamos, continuamos investigando "¿quién es consciente del buda?". Se dice:

Caminando, estando de pie,
sentados o recostados,
no se separen de esto.
Si se apartan de esto,
se habrán perdido.

¿Qué es esto? Se refiere a la investigación de nuestro tópico de meditación "¿quién es consciente del buda?".

Erradicar todos los dharmas y separarse de todas las señas

Quienes no entienden el método de la investigación del Chan pueden tratarlo como si fuera recitar el nombre del buda, pensando que cuanto más reciten, mejor será. Eso sería una equivocación. La investigación del tema de meditación no es de esta manera. La mejor forma es alargar la resonancia de la investigación de tal manera que dure unas cuantas horas sin terminar. Esa investigación podría incluso continuar sin interrupción durante ochenta mil grandes kalpas. Eso verdaderamente sería investigar el Chan.

¿Por qué investigamos "¿quién es consciente del buda?". La palabra "quién" es básicamente superflua, pero somos como monos, buscando siempre alrededor algo que hacer. Si la palabra "quién" actúa como un escudo, entonces, todos esos pensamientos inútiles serán desviados. Esta es la puerta del Dharma "usando veneno para combatir veneno".

Sólo cuando estamos libres de todos esos pensamientos azarosos, se puede decir que estamos limpiando diligentemente el espejo de nuestra mente en todo momento. Investigar el Chan significa simplemente limpiar con diligencia el espejo de nuestra mente. ¿Por qué debemos mantenerlo limpio? A fin de que el polvo no se deposite en él. Esta es la puerta del Dharma de "barrer todos los dharmas y separarlos de todas las características".

Si no usan la visión selectiva del Dharma a fin de que puedan reconocer el verdadero Dharma, entonces no sabrán realmente cómo investigar. Si no aprenden cómo investigar, sus esfuerzos serán en vano. Esto se debe a que si fracasan en reconocer el Dharma verdadero, podrían terminar siguiendo Dharmas desviados. Esta es la razón por la cual la visión selectiva del Dharma es tan importante.

Contemplar a gusto para encontrar sabiduría

Investigar el Chan significa aprender a contemplar. ¿Qué debemos contemplar? Contemplen su iluminadora prajna. Les enseño a ustedes a ser conscientes del presente y a contemplarse a sí mismos, no a contemplar a otros. Contemplen si están aquí o no. Si están aquí, entonces pueden sentarse e investigar el Chan, trabajando firme en la cultivación. Si no están aquí, entonces se están complaciendo en falsos pensamientos y están soñando despiertos. Aunque estén físicamente en la sala del Chan, las mentes de ustedes se han ido a Nueva York de visita turística o a Italia, de vacaciones. La mente va a todas partes, trepándose en condiciones. Por lo tanto, no están presentes.

Contemplar su propia presencia es un Bodhisattva. Si no contemplan su propia presencia, se consideran personas ordinarias. Contemplar su propia presencia es experimentar lo divino. Si no contemplan su propia presencia, pueden terminar padeciendo en los infiernos. Si logran contemplar su propia presencia, sus mentes no se escapan, entonces podrán practicar la prajna paramita en profundidad. Investigando físicamente el Chan en forma continua y sin interrupciones, estarán practicando prajna en profundidad y descubriendo su sabiduría. Una vez que hayan activado su gran sabiduría inherente, podrán llegar a la otra orilla.

El secreto de la investigación del Chan es concentrarse en ello día y noche. ¿Concentrarse en qué? Concentrarse en 'quién es consciente del buda'. Investigar hoy, investigar mañana e investigar todos los días la prajna paramita profundamente en la sala de Chan. El sabor del Chan no se alcanza en un corto período de tiempo sino que se requiere un largo tiempo para lograrlo. Sólo cuando hayan ganado una habilidad suficiente en la práctica de la prajna paramita en profundidad, serán capaces de iluminar los cinco skandhas y ver que todos ellos están vacíos.

Cuando se obtiene el Uno, todas las cosas han sido realizadas

El secreto de investigar el Chan es concentrarse en un solo punto. Como expresa el dicho:

> *Cuando los Cielos alcanzan el Uno,*
> *llegan a ser puros;*
> *Cuando la Tierra alcanza el Uno,*
> *llega a ser pacífica;*
> *Cuando una persona alcanza el Uno,*
> *llega a ser un sabio,*
> *Cuando todas las cosas alcanzan el Uno,*
> *todas ellas acatan su destino.*

Esta es la razón por la que el Uno es el comienzo de todas las cosas; aún no es el Dharma final. Se dice que:

> *Cuando obtienes el Uno,*
> *todas las cosas han sido realizadas.*

Pero si se apegan al Uno, entonces caerán en el dos o el tres, y eso no es el vacío verdadero.

¿Qué es el vacío verdadero? Es el Cero. El Cero se forma haciendo un círculo. No es ni grande ni pequeño, ni interior ni exterior, no tiene inicio ni fin y no puede ser enumerado. Sin embargo, ningún número está separado de él. La cultivación comienza cultivando el Uno hasta que se retorna al Cero. Del Cero surgen incontables funciones. A pesar de que se dice que 'cuando obtienen el Uno, todas las cosas han sido realizadas', en el estadio del Cero, no hay ni una sola cosa. En ese punto:

> Cuando ni un solo Dharma se ha establecido,
> la miríada de condiciones están vacías.

¡Esta es la liberación final!

5. LOS ESTADOS DEL CHAN

Los estados de los Cuatro Dhyanas

El proceso de investigación del Chan es similar a estudiar. Ustedes primero van de la escuela primaria a la secundaria, a la universidad y luego a un instituto de investigación. Después de pasar por estos cuatro estadios, pueden obtener un doctorado. La puerta del Dharma de la investigación del Chan es algo similar. Se divide en cuatro pasos, que son los cuatro estados del Chan. Los mismos se describen brevemente aquí:

El primer dhyana

Se conoce como "el estado de felicidad apartado de los seres".

Esto significa que nos separamos de nuestra relación con todos los seres y obtenemos otro tipo de felicidad. Esta felicidad es diferente de la de los seres ordinarios. Emana del interior de la habilidad de nuestra propia naturaleza. Cuando alcanzamos el estado del primer dhyana, nuestra respiración se detiene. La respiración externa se detiene, mientras que la respiración interna cobra vida. Este fenómeno es igual a lo que sucede durante la hibernación en invierno. Desafía toda descripción. En ese momento, nuestra mente es tan clara como el agua y tan brillante como un espejo. Ilumina la substancia fundamental de nuestra propia naturaleza, incluso cuando somos conscientes de que estamos sentados en meditación.

El segundo dhyana

Se conoce como "el estado de felicidad producido por el samadhi".

En samadhi experimentamos felicidad más allá de toda comparación:

> *Tomar la felicidad dhyana como alimento*
> *y estar lleno de alegría del dharma.*

Cuando experimentemos tal felicidad, no tendremos hambre. Esta es la razón por la que las personas pueden andar sin alimento o bebida durante muchos días y aún están bien. Pero no podemos apegarnos a este estado. Si nos apegamos, todos nuestros esfuerzos serán en vano. Hasta es posible entrar en un estado demoníaco debido a este apego. Debemos ser muy cautos. En el estado del segundo dhyana, no sólo nuestra respiración se detiene, sino también nuestro pulso. Cuando dejamos este estado de concentración, nuestro pulso se normaliza.

El tercer dhyana

Se conoce como "el estado del exquisito éxtasis con abandono de previo estado de felicidad".

Aquí abandonamos la felicidad del segundo dhyana y alcanzamos un nivel de exquisito y suave éxtasis. Sentiremos que todo es el budadharma y que todas las cosas son dichosas. En el estado del tercer dhyana, la respiración se realiza en samadhi. No solamente nuestra respiración y pulso se detienen, también lo hacen nuestros pensamientos. En ese momento no tenemos pensamientos acerca de lo bueno o malo o de lo correcto o incorrecto. En pocas palabras, ya no tenemos más pensamientos inútiles. Sin embargo, no debemos pensar que somos muy especiales, porque esto es solo parte del proceso. Estamos aún frente a un largo camino para terminar con el nacimiento y la muerte.

El cuarto dhyana

Se conoce como el estado de la pureza de prescindir por completo del pensamiento.

En este estado, incluso el pensamiento de la felicidad se ha ido, dado que ya lo habíamos descartado. Hemos alcanzado el estado puro de la nada en absoluto, en el cual las cosas no son condicionadas ni incondicionadas. El cuarto dhyana es un estado que el investigador de

Chan tiene que experimentar. No hay nada especial al respecto. No debemos cometer el error de asumir que hemos alcanzado la realización del Camino. Si pensamos de esa manera, entonces estamos cometiendo el mismo error que el bhikshu iletrado y caeremos en los infiernos.

El estado del cuarto dhyana se encuentra todavía en el estado de un mortal común. Si hacemos vigorosos progresos, certificaremos estados que nos permitirán entrar en los Cinco Cielos de No Más Retorno. Sólo después habremos realmente alcanzado el nivel de un sabio certificado. Sin embargo, incluso en ese estado, todavía no habremos terminado con el nacimiento y la muerte. Tenemos que trascender los tres reinos para poder terminar con el ciclo del nacimiento y la muerte. Deben tener en claro este punto y no estar confundidos.

Un Arhat de la Primera Realización está libre de pensamientos falsos, no solamente cuando está en samadhi, sino también cuando camina, está de pie, está sentado y cuando se recuesta. En la primera realización, ellos han dejado atrás los apegos, pero aún deben pasar por siete nacimientos y muertes adicionales.

No supongan que la primera realización conduce al Nirvana. Esos sabios simplemente han cortado ochenta y ocho niveles de puntos de vista ilusorios de los tres reinos. Sus mentes no son influenciadas ante cualquier estado externo. Se mantienen inmóviles sin importar las situaciones que encuentran. Conservan solo el pensamiento del Camino, pues cultivan el Chan sin otro objetivo en la mente. Incluso si se enfrentan a estados muy atractivos, como el de una mujer preciosa o el de un hombre apuesto, sus mentes no se moverán. En este nivel, ellos no experimentan ninguna codicia de riqueza, sexo, fama, alimento o sueño. Son indiferentes a todos estos deseos. Sólo entonces, quienes han alcanzado este nivel de habilidad, pueden ser llamados "los que han alcanzado la realización". Un Arhat de la Primera Realización no hace ningún sonido con sus pies cuando camina. Sus pies están a aproximadamente una pulgada por encima de la tierra. ¿Por qué? Quienes han alcanzado la realización poseen bondad y compasión. Están extremadamente preocupados por no hacer daño a pequeños insectos cuando caminan, por eso prefieren viajar por el aire.

Fusionando con el gran vacío, se obtiene un súbito avance

Aquí en la sala de Chan, debemos de trabajar en nuestra cultivación al punto de ser inconscientes de los cielos arriba, de la gente en el medio y de la tierra debajo. Si el cielo, la tierra y la gente han desaparecido; si el norte, el sur, el este y el oeste han sido olvidados, entonces, justamente en ese punto, cuando ni siquiera un solo pensamiento surge, la 'substancia completa' se manifestará, y obtendremos su gran funcionamiento. Sin embargo, si nos entretenemos en pensamientos falsos todo el día, sin dudas no habrá ninguna respuesta a nuestros esfuerzos. De este modo, debemos trabajar hasta el punto en que no surja ni un solo pensamiento; cuando caminemos, no estaremos conscientes de que estamos caminando; cuando estamos de pie, no estamos conscientes de que estamos de pie; cuando nos sentamos, somos inconscientes de estar sentados; cuando nos reclinamos, no somos conscientes de estar reclinados. No tenemos ninguna consciencia de que caminamos, estamos de pie, nos sentamos y nos reclinamos. En ese punto:

> *Nosotros comemos, pero no somos conscientes de consumir ni un solo grano de arroz.*
> *Nos vestimos, pero no somos conscientes de ponernos ni una sola prenda.*

En ese punto, el ego se fusiona con el espacio mismo. Cuando nos podemos unir con el espacio, podemos tener un imprevisto avance e instantáneamente entender todas las cosas. Este es el estado de la iluminación súbita. La iluminación súbita es un resultado de la cultivación diaria. Cuando obtenemos una respuesta de nuestros esfuerzos diarios, podemos llegar a iluminarnos súbitamente. Si normalmente no cultivamos, nunca obtendremos una iluminación súbita. De forma similar, después de que un niño nace, es empapado en palabras y sonidos todos los días. Cuando llega el momento, es capaz de hablar naturalmente. El pronunciar su primera palabra, es análogo a la experiencia de la iluminación. Luego, cuando llegue el momento, él será naturalmente capaz de caminar y el primer paso que dé será también como la experiencia de la iluminación.

¿Cómo puede dar su primer paso? Porque él ha estado observando todos los días cómo caminan los adultos. Estando impregnado en ese ambiente, de modo muy natural será capaz de caminar. La cultivación funciona de la misma manera. Cultivamos hoy, cultivamos mañana, cultivamos de un lado a otro hasta que nuestras habilidades produzcan una respuesta. Entonces, cuando no se produzca ni un solo pensamiento y nuestros pensamientos inútiles se disipen, nos iluminaremos.

Esta forma de iluminación se puede deber al hecho de cultivar diligentemente todos los días y en cada momento del periodo de esta vida. Cuando sus habilidades maduren, se iluminarán. Esta iluminación se debe al esfuerzo aplicado en la cultivación de la presente vida. En este punto, alguien podría decir: "He visto a una persona que no cultivaba firmemente y después de haber estado durante poco tiempo en la sala de Chan, se iluminó. ¿A qué se debe?". Este caso es único. No obstante esta persona no ha cultivado duramente en esta vida, ha estado cultivando duramente en sus vidas previas. No solamente cultivó, sino también ha estado cultivando en todo momento. Sin embargo, le faltaba poco para iluminarse. En esta vida, cuando encontró este estado nuevamente, se iluminó.

Aunque la iluminación súbita es instantánea, todavía depende de todas las buenas raíces que uno ha cultivado cuidadosa y continuamente en vidas pasadas. Es como un agricultor que cultiva un terreno. En primavera, siembra las semillas; en verano, limpia las malas hierbas y pasa la azada; y luego, en otoño, ya hay cultivo para cosechar. Si uno no siembra las semillas en primavera, ¿cómo puede recoger la cosecha cuando comienza el otoño? Como dice el refrán: "La porción trabajada de arado y limpieza de las malas hierbas es la porción de la cosecha". Con nosotros, los cultivadores del Camino, ocurre lo mismo. Sin considerar si estamos iluminados o no, debemos aún ser valerosos y enérgicos en nuestra cultivación. Debemos enérgicamente dar pasos agigantados. De este modo podemos esperar recoger nuestra cosecha en el momento final y reconocer nuestro rostro original.

En la práctica de meditación, no busquen poder de penetraciones espirituales

Cuando se sienten a meditar, no busquen poder de penetraciones espirituales o resultados eficaces. Primero, cuiden que el cuerpo esté limpio, sin ninguna enfermedad. De esta manera, ninguna energía inapropiada será capaz de penetrar sus límites. Si están constantemente llenos de una gran energía correcta y tienen un espíritu indomable, producirán naturalmente un conocimiento correcto y puntos de vista correctos. Sus conductas y acciones estarán de acuerdo con los principios. Este es el beneficio de sentarse a meditar.

Si en todo momento, el estado mental de ustedes no produce ondas, de manera de que no tengan aflicciones, ni señas de lo correcto y lo incorrecto, ni señas de la gente y de sí mismo, entonces, estarán esforzándose y ése es el resultado eficaz de sentarse a meditar. En cuanto a la eficacia de investigar el Chan, lo pueden experimentar ustedes mismos.

Pueden retro-inspeccionar a sí mismos y preguntarse: "¿Soy todavía glotón como lo era antes de practicar el sentarse en Chan? ¿Soy todavía tan materialista como antes? ¿He corregido mis hábitos impropios y mis deficiencias? Si me encuentro con circunstancias irrazonables o con asuntos que van en contra de mis deseos, ¿surgen todavía pensamientos de aflicción?". Si las respuestas son "sí", puedo decir que no han progresado mucho desde que se sientan en Chan. Si pueden reducir los malos hábitos y deficiencias pasadas, entonces tendrán algunas buenas novedades en su habilidad de cultivación.

1. Pueden examinarse a sí mismos de la siguiente forma:

2. Por ejemplo, veamos el caso de comer. Si pudieran comer comida sabrosa y no sabrosa con el mismo estado mental, entonces habrán ahuyentado al fantasma de la codicia.

Realizando tareas: ¿Es el caso de que yo haré cualquier cosa que sea beneficiosa para mí y que no haré nada que no me beneficie? ¿Soy muy perezoso y estoy siempre buscando facilidad y comodidad? Si es así, su habilidad en el samadhi Chan no ha mejorado.

Si pudieran cambiar y estar dispuestos a hacer lo que sea que beneficie a los demás y concentrarse en ser útiles a las multitudes sin prestar atención a sus asuntos personales, entonces se podrían liberar del fantasma de la pereza. Si pudieran ser más enérgicos día a día y no estar atontados, entonces podrían ahuyentar al fantasma del sueño.

Si pudieran ahuyentar al fantasma de la codicia, al fantasma de la pereza y al fantasma del sueño, ésta sería la habilidad preliminar de la meditación Chan. De esta manera, el espíritu y el temperamento de ustedes definitivamente serán tremendamente diferentes de los del pasado y ustedes serán personas muy cambiadas. Como expresa el siguiente dicho: "En el mismo templo, pero un dios diferente". También se puede decir "En el mismo templo, pero un fantasma diferente". En el pasado, ustedes fueron reyes fantasmas, pero ahora son bodhisattvas. Quizás tuvieron un corazón malvado en el pasado, pero ahora tienen un corazón de bodhisattva.

El poder demoníaco te puede causar pensamientos de retroceso

Todos ustedes deberían darse cuenta de que cultivar el camino espiritual no es un asunto sencillo. Si deciden cultivar, entonces los demonios vendrán. Ellos no vendrán de una dirección solamente; vendrán de inmediato de todas las direcciones. Son demonios de la enfermedad, demonios de la aflicción, demonios de los cielos, demonios humanos y también demonios fantasmas. Hay también demonios femeninos. Los demonios aparecen de lugares inesperados para perturbarlos de tal manera que sus resoluciones vacilen y sus cultivaciones flaqueen. Ellos usan muchos trucos para seducir y tentar. También los amenazarán para que se retiren temerosos. Esperan que el poder de samadhi de ustedes desaparezca y su resolución por el camino espiritual se desvanezca.

Los estados mentales pueden ser falsos o verdaderos

Justo en el momento en que han meditado al punto de tener éxito, los demonios aparecen para probar su resolución y desafiar su trabajo en el camino espiritual. Pueden aparecer como una mujer muy bella o un hombre apuesto que vienen a seducirlos. Si su mente se mantiene inmóvil sin distraerse, habrán pasado su prueba. Pero si se distraen por esta ilusión, caerán. Justo allí es el momento crítico; el momento crucial. Todos deben prestar especial atención en este punto, y no se olviden que: "una vez que se dejen caer, se arrepentirán por siempre".

Cuando surjan estados que desafíen su resolución, deben hacer pruebas si esos estados son falsos o verdaderos. ¿Cuál es su método de prueba? Es muy simple. Solo reciten el nombre del Buda Amitabha. Recítenlo con concentración firme y resuelta. Si es un estado falso, se desaparecerá y se desvanecerá. Si es un estado verdadero, cuanto más reciten, más claro se verá el estado. Los meditadores de Chan que no entiendan este método, caerán en las trampas de los demonios. Caerán entre los demonios y su trabajo en el camino espiritual se dispersará y se perderá. Algunos cultivadores perderán la oportunidad de iluminarse después de que se junten con los demonios.

Tan pronto como cultiven el camino espiritual, los demonios aparecerán

Cuando yo era joven, escuché a alguien decir: "Tan pronto como cultives el camino espiritual, los demonios aparecerán". Yo no lo creí y con arrogancia dije: "¡No tengo miedo de los demonios en absoluto! Brujas, fantasmas y duendes no me asustan en lo más mínimo". Pensé que no interesaba lo que dije. ¿Quién hubiera pensado que justo después de mi presunción, un demonio se presentaría? ¿Qué tipo de demonio era? El demonio de enfermedad, que me enfermó tanto que perdí el conocimiento durante siete u ocho días. Entré en un coma total. Solamente después me di cuenta de que mi habilidad estaba muy lejos de la calificación y que había fracasado en mi prueba. Quizás no temía a las brujas, a los fantasmas o a los duendes, o incluso a los demonios celestiales, pero sí tuve miedo de los demonios de la enfermedad. No podía dominarlos. No pude tratarlos, no pude soportar sus ataques. Entonces, nosotros, cultivadores del camino espiritual, no podemos afirmar orgullosamente que no tememos a nada. Tan pronto como nos tornemos autosatisfechos y arrogantes, los problemas comenzarán a buscarnos.

Bueno, entonces ¿cómo deberían ser los cultivadores del camino espiritual? Deberíamos mantener una actitud humilde y prudente, y ser tan cautos como si estuviéramos pisando el borde de un abismo profundo o como si estuviéramos parados sobre una delgada capa de hielo. Deberíamos ser prudentes y cuidadosos a cada momento. Debemos prestar atención y estar alertas. Sólo entonces podemos realmente cultivar el camino espiritual. Resumiendo, hablar menos y meditar más. Éste es el requisito fundamental de la cultivación.

Si de pronto entendemos lo que vemos, podemos trascender lo mundano

¿Quién ayuda a los cultivadores del camino a obtener logros? Los demonios. Ellos son los que llegan a ayudarlos. Esto es como afilar un cuchillo en una piedra de afilar. Cuando un cultivador obtiene la luz de la sabiduría, esto se logra con la ayuda de los demonios. Así podemos ver a los demonios como protectores del Dharma. Hay un dicho:

> *Si de pronto entendemos lo que vemos,*
> *podemos trascender lo mundano.*
> *Si estamos confundidos por lo que vemos,*
> *entonces caeremos dentro del ciclo de la*
> *transmigración.*

Con el poder del samadhi, no necesitamos temer a los demonios

Una vez que nos despertamos, nos damos cuenta y comprendemos los estados mientras aparecen, podemos trascender este mundo. Si por el contrario no nos despertamos, entonces estamos confundidos por los estados que ocurren, podemos caer tan lejos que podríamos terminar en los infiernos. Los cultivadores del camino espiritual no deberían temer la presencia de los demonios. Sólo necesitamos temer que nuestro poder de samadhi sea insuficiente para contrarrestarlos. Debemos darnos cuenta de que los demonios pueden ayudarnos. Ellos nos prueban para ver si nuestra habilidad espiritual es genuina o no; para ver si nuestro poder de samadhi puede soportarlos o no. Si tenemos habilidad y samadhi, entonces no importa qué demonio venga, él no será capaz de movernos.

Sin ser apurados ni ser lentos, triunfaremos

Cuando practicamos la meditación Chan, no debemos estar muy apurados. Pero tampoco debemos aflojar. Si somos demasiado apurados, corremos el riesgo de exagerar. Si flojeamos, fracasaremos en la aplicación de suficiente esfuerzo. Cultivar el Camino requiere mantenerse en el Camino Medio. Hay un dicho:

> *Apurarse hace que las cosas estén muy apretadas.*
> *Flojear hace que las cosas sean muy sueltas.*
> *Al no apurarnos ni flojear*
> *podemos tener éxito en lo que hacemos.*

Si aplicamos esfuerzo de esta manera todos los días y a cada instante, sin apurarnos ni flojear, eventualmente, nuestra habilidad generará una respuesta. Cuando esto suceda, alcanzaremos un estado inconcebible. Aquellos que hayan alcanzado este estado no deberían estar extremadamente felices, y aquellos que no hayan logrado todavía, no deberían preocuparse excesivamente.

Si un practicante llega a ser extremadamente feliz, un demonio de la felicidad puede venir y perturbar su poder de samadhi, haciendo que se ría y sonría todo el día de manera poco natural. Si alguien le pregunta por qué se está riendo, él no lo sabrá. Si ni siquiera sabe por qué se está riendo, entonces, básicamente ha perdido sus sentidos, se ha vuelto loco. Un demonio de la locura lo ha poseído. En cambio, si un practicante llega a estar excesivamente preocupado y deprimido, un demonio de la tristeza puede ir y perturbar su poder de samadhi, haciendo que solloce y llore de manera poco natural todo el día. Si alguien le pregunta por qué está llorando, puede responder: "¡Los seres están sufriendo mucho! ¡Dan mucha pena! Quiero cruzar a todos los seres hacia la otra orilla". Sin embargo, si uno no puede cruzarse a sí mismo hacia la otra orilla, ¿cómo puede llegar a salvar a los otros? Excesiva demostración de pena es una indicación de que esa persona ha sido poseída por un demonio de la tristeza.

No alterarse por los sonidos

Cuando nos sentemos en meditación, no debemos ser movidos por los sonidos ni ser alterados por las formas. Algunas personas pueden haber cultivado durante mucho tiempo, pero cuando las condiciones surgen, se apegan a ellas. No debemos hacer eso. Debemos oír sin escuchar y ver sin mirar. Al no escuchar y no mirar, no estaremos alterados por las condiciones.

No albergar pensamientos de odio y de amor

Como todos los dharmas son el budadharma, ¿cómo podría haber algunos dharmas que nos gusten y otros que nos disgusten? Cuando se investiga el Chan, debemos trabajar sobre esto con seriedad. No debemos albergar pensamientos de odio y amor, más bien debemos llevar nuestras mentes a un estado de ecuanimidad.

En un tranquilo estanque primaveral, no perturbado por las olas, el limo se asentará naturalmente en el fondo y el agua se tornará clara. Investigar el Chan es también como eso. Si ni una ola de falsos pensamientos se revuelve en nuestras mentes, el cuerpo del Dharma se manifestará.

El Dharma que acabo de exponer es muy importante. Espero que todos ustedes cultiven de acuerdo a este principio, porque si lo hacen, su sabiduría revelará pronto.

Lo que se habla es el Dharma.
Practicarlo es el Camino.

Si entendemos el Dharma pero no cultivamos el Camino, no haremos ningún progreso.

Sin importar lo que suceda, permanezca sin alterarse

Cuando nos sentamos a meditar, pueden surgir todo tipo de estados diferentes. Sin importar si un estado es sano o malsano, no debemos prestarle demasiada atención. Si le prestamos atención, seremos alterados por este estado. Pero si lo ignoramos, el estado cambiará eventualmente y no seremos alterados por él.

A veces, los cultivadores de Chan pueden sentirse como si fueran tan grandes como el espacio vacío. En otros momentos, pueden sentirse como si fueran aún más pequeños que una mota de polvo. Hay ocasiones en que se sienten como si sus cuerpos no existieran más, y como si ellos no supieran adónde se han ido. A veces, pueden sentirse insoportablemente fríos. Otras veces, insoportablemente calientes. A veces, sienten que sus cuerpos son más duros y más fuertes que el vajra. Otras veces, suaves y livianos como el algodón. A veces pueden sentir sus cuerpos cargados con una energía similar a la electricidad. Otras veces, pueden sentir que están emitiendo una luz brillante. En pocas palabras, tales estados son ilimitados e interminables, pero no debemos apegarnos a ninguno de ellos. Si nos apegamos a ellos, podemos entrar en un estado demoníaco. En tanto no permanezcamos apegados, no tendremos ningún problema.

El Sutra Shurangama dice que cualesquiera sean los estados que surjan, si no discriminamos y en cambio actuamos como si nada pasara, estaremos bien. Sin embargo, si decidimos que debemos ser especiales para poder experimentar tal estupendo estado, caeremos y seremos poseídos por un demonio. Independientemente de los estados que encontremos, debemos permanecer inalterados. Con el tiempo, entraremos en una talidad inalterable y ganaremos poder de samadhi que es perfectamente claro y constantemente brillante. Entonces, no importa lo que pase, seremos capaces de cambiar el estado en lugar de ser cambiados por él.

6. LOS KOANS DEL CHAN

Una pagoda dorada, una pagoda plateada y un montón de barro

Sentándose en la postura de loto completo se generan el poder de los preceptos, el del samadhi y el de la sabiduría. Los protectores diamantinos (vajra) del Dharma protegerán a quienes se sienten en loto completo. Los reyes demonios serán mantenidos a raya y los fantasmas hambrientos obedecerán.

A continuación viene un koan acerca de la postura de loto completo. En el pasado, cuando el Budismo prevalecía en China, los monjes eran invitados a recitar sutras en los funerales y en otros eventos especiales. Quienes insensiblemente hacían una profesión de esto, eran desdeñosamente aludidos como vendedores ambulantes de sutras. Esta historia es acerca de un monje que se ganaba la vida vendiendo sutras.

Cierta vez, se acercaba la medianoche cuando él se disponía a retornar de una sesión vespertina de canto de sutras. Cuando pasaba por la aldea, un perro le empezó a ladrar. Los dueños del perro se preguntaban por qué su perro estaba ladrando. La señora de la casa dijo: "Ve a ver y mira quién es. ¿Es un ladrón tratando de robar algo?". Su esposo miró fuera de la ventana y dijo: "¡Oh! No es nada. Sólo el fantasma vendedor ambulante de sutras. Apenas un fantasma vendedor de sutras". El monje quedó perplejo cuando escuchó ese comentario. "¿Por qué se refiere a mí como a un fantasma vendedor de sutras?" Él se consideraba a sí mismo como un monje recitador de sutras, pero ese hombre lo llamaba fantasma vendedor de sutras.

El minje siguió su rumbo con la intención de regresar a su monasterio. De repente, el cielo se oscureció y empezó a caer la lluvia. Rápidamente, el monje se refugió bajo un puente. No teniendo nada que hacer, se sentó a meditar. Justo cuando doblaba sus piernas para la postura de loto completo, dos fantasmas emergieron del río. Esos fantasmas eran terriblemente feos. Normalmente, si uno viera a un fantasma, se alarmaría. Pero como el monje estaba meditando, cuando vio a los dos fantasmas no tuvo miedo. Como a menudo él recitaba sutras para cruzar a los fantasmas a la "otra orilla", pensaba bastante acerca de ellos. Por eso, cuando encontró a esos dos, no tuvo miedo. Permaneció meditando.

Entonces, los dos fantasmas empezaron a hacerle reverencias. Permanecieron reverenciándolo durante un tiempo, entre veinte minutos y media hora. Después de ese tiempo, al monje empezaron a dolerle las piernas y no pudo permanecer más sentado en la posición de loto completo, por eso cambió de la posición de loto completo a la de medio loto. Después, él escuchó a los dos fantasmas hablando: "¡Eh! Estábamos inclinándonos ante una pagoda dorada. ¿Cómo se convirtió en una plateada?".

Entonces le quedó claro al monje por qué los fantasmas se estaban inclinando ante él. Como las pagodas contienen shariras (reliquias que parecen joyas que permanecen después de la cremación) de los budas y los sabios, entonces cuando los fantasmas ven una pagoda, deben venerarla y rendirle honores. "Ellos aquí deben estar viendo una pagoda" pensó el monje asombrado. Después de lo que los fantasmas percibieron lo que parecía ser una pagoda dorada se convertía en una plateada, uno de los fantasmas dijo: "¡Hay también shariras en pagodas plateadas, así que será mejor que sigamos inclinándonos para presentar nuestros respetos!". Por consiguiente, los dos fantasmas nuevamente comenzaron a inclinarse.

Mientras tanto, el monje se sentó durante otra media hora aproximadamente en la posición de medio loto antes de que sus piernas comenzaran a dolerle otra vez. Finalmente, no podía soportar el dolor por mucho tiempo. Pero la lluvia no se detenía. Si lo hacía, él hubiera dejado su refugio bajo el puente y continuado su camino. Para calmar el dolor de sus piernas, el monje se movió a una posición de sentado con las piernas cruzadas informalmente. Entonces, cuando los dos fantasmas miraron a hurtadillas, exclamaron simultáneamente: "¡Mira! No es una pagoda dorada ni una plateada. ¡Es sólo un montón de barro! ¡Destruyámosla!".

Tan pronto como el monje escuchó que los fantasmas estaban por atacarlo, rápidamente deshizo su posición y se sentó nuevamente en loto completo. Los fantasmas percibieron que el montón de barro se volvió a convertir en una pagoda dorada. "¡Caramba! ¡Qué estado tan imponente! Venerémosla de nuevo". Así, ellos comenzaron a reverenciar otra vez a la pagoda.

Inmediatamente después, el monje pensó para sí mismo: "Hum... La posición de loto completo crea una pagoda dorada. La posición de medio loto crea una pagoda plateada. Sentarse informalmente es sólo un montículo de barro". Él era un ser humano, pero esos fantasmas lo veían como un montículo de barro. ¡Qué extraño!

Desde ese momento, el monje tomó la resolución de alcanzar el bodhi y no andar más vendiendo sutras. Dejó de recitar sutras para ganarse la vida. En cambio, practicó meditación en su monasterio, siempre en la posición de loto completo. Después de estar sentado durante algún tiempo, llegó a iluminarse, con lo cual reflexionó: "Mi iluminación realmente fue promovida por esos dos fantasmas. Si yo no los hubiera encontrado, hoy no estaría iluminado". Así que, después de eso, él se llamó a sí mismo 'presionado por los fantasmas'. Este es el nombre por el que se le conoce ahora: Maestro de Chan Presionado por los Fantasmas. Los fantasmas lo forzaron a cultivarse.

Buscando un método para evitar la muerte

La escuela Chan tiene un verso que dice:

La multitud de Dharmas
retornan al uno.
El uno retorna al origen.
Shen Guang, sin comprender esto,
siguió al Maestro Bodhidharma.
Se arrodilló durante nueve años en
el Monte Oreja de Oso,
esperando un método para evitar
al rey Yama.

Buscar el Dharma no es una tarea fácil. Requiere un espíritu de sacrificio. He aquí una historia que lo ilustra.

Después de viajar por bote de la India a la China, el Patriarca Bodhidharma desembarcó en Guangzhou y fue al norte hacia Nanjing. Al pasar por el lugar donde el Maestro de Dharma Shen Guang estaba dando conferencias sobre sutras, el patriarca se sumó a la asamblea.

Después de la conferencia, el patriarca le preguntó al Maestro Shen Guang:

—¿Qué está haciendo usted aquí?

—Estoy dando conferencias sobre los sutras –respondió el Maestro Shen Guang.

—¿Por qué está usted explicando los sutras? –preguntó de nuevo el Patriarca Bodhidharma.

—Enseño a las personas cómo terminar el nacimiento y la muerte –replicó el Maestro Shen Guang.

—La esencia del Dharma no puede ser puesta en palabras –respondió el Patriarca Bodhidharma–. No hay ningún Dharma del cual se pueda hablar. En lo que concierne a los sutras que usted enseña; las áreas entintadas son palabras y las áreas en blanco son papel. ¿Cómo puede esto terminar el nacimiento y la muerte?

Cuando el Maestro Shen Guang escuchó esto, se enojó y gritó:

—¡Usted es un demonio! ¡Cómo se atreve a difamar al Buda, al Dharma y al Sangha! ¡Esto es escandaloso!"

Luego, con sus cuentas metálicas de recitación golpeó el rostro del Patriarca Bodhidharma. El patriarca fue tomado desprevenido; dos de sus dientes frontales se rompieron. El Patriarca Bodhidharma pensó para sí mismo: "Si yo escupo los dientes sobre la tierra, entonces este lugar sufrirá tres años de gran sequía". (Una creencia popular era que si los dientes de un sabio certificado caían a la tierra, los cielos impondrían un castigo y la región sufriría una sequía de tres años.) El Patriarca Bodhidharma no quiso que la gente de la región padeciera el sufrimiento de una sequía, entonces se tragó los dos dientes en lugar de escupirlos. Su decisión está de acuerdo con el dicho:

Si alguien golpea los dientes de un arhat,
el arhat se los traga.

El Patriarca Bodhidharma practicaba 'la paramita de la paciencia' ante los insultos. Sin decir una palabra, dejó la sala de conferencias del Maestro Shen Guang, cruzó el río Yangtze y se dirigió a la cordillera Song, en la provincia de Henan.

En ese tiempo, el fantasma transitorio, bajo la orden del rey Yama, fue a invitar al Maestro Shen Guang a un té en las regiones infernales. Él preguntó al monje:

—¿Es usted Shen Guang?

—Sí –respondió el Maestro Shen Guang.

—El Rey Yama me envió para invitarlo a usted a un té –continuó el fantasma transitorio.

El Maestro Shen Guang se sorprendió y dijo:

—Cuando daba conferencias acerca de los sutras, de los cielos llovían flores, y lotos dorados brotaban de la tierra. ¿A pesar de eso aún debo morir?

—¡Por supuesto que usted tiene que morir! —contestó el fantasma transitorio.

—¿Quién en este mundo está libre de la muerte? —preguntó el Maestro Shen Guang.

—Ese monje de rostro oscuro, cuyos dientes usted golpeó, está libre de la muerte —respondió el fantasma transitorio.

Entonces, el Maestro Shen Guang le imploró al fantasma transitorio, diciéndole:

—Señor transitorio, ¿podría usted tener compasión y hablarle al Rey Yama, pidiéndole que me deje ir y que encuentre al monje de rostro oscuro? De esa manera yo pueda aprender el método de terminar con el nacimiento y la muerte.

El fantasma transitorio estuvo de acuerdo. Luego, el Maestro Shen Guang se dirigió hacia el norte, viajando día y noche, para poder dar con el Patriarca Bodhidharma. Finalmente arribó a la Montaña Oreja de Oso y vio al Patriarca Bodhidharma meditando sentado en una cueva, de cara a la pared.

Se inclinó ante el Patriarca Bodhidharma en arrepentimiento. Después de nueve años de arrodillarse, el Maestro Shen Guang obtuvo un método para evitar la muerte y llegó a ser el segundo patriarca de la escuela Chan de China.

La iluminación debe ser certificada antes de que tenga validez

Antes del tiempo del Buda de la Voz Impresionante, quien llegaba a iluminarse no necesitaba ser certificado por otra persona. Pero después del tiempo del Buda de la Voz Impresionante, la iluminación debe ser certificada antes de que tenga validez. Quien piense que él o ella ha llegado a ser un iluminado o iluminada, debe tener la iluminación certificada por un patriarca o por un buen y sabio consejero iluminado. Por ejemplo, el Sutra Shurangama contiene las historias de veinticinco sabios que describen cómo lograron su perfecta iluminación y recurrieron al Buda Shakyamuni para que certificase sus logros. Ahora narraré la historia de tal certificación.

Durante la dinastía Tang de China, el Gran Maestro llamado Yongjia (Excelencia Eterna) nació en el condado Yongjia de la provincia de Zhejiang. Debido a que estuvo toda su vida en ese condado, la gente le dio el nombre Gran Maestro Yongjia.

Luego de entrar en la vida monástica, estudió las enseñanzas de la escuela Tian Tai y cultivó la contemplación meditativa. Un día, mientras leía el Sutra Vimalakirti Nirdesa, se iluminó repentinamente. Poco después de esto, se encontró con el discípulo del Sexto Patriarca llamado Maestro de Chan Xuance (Ley Mística) y le contó su despertar. El Maestro Xuance le sugirió que fuera al riachuelo Cao para presentar sus respetos al Sexto Patriarca y solicitarle la certificación de su iluminación; porque el hecho de alcanzar la iluminación sin el testimonio de un maestro era considerado como practicante de otras creencias, quienes creían en la espontaneidad.

En el momento en que el maestro llegó al Monasterio Nanhua, en el riachuelo Cao, el Sexto Patriarca estaba meditando. El Maestro Yongjia, lleno de orgullo, pisó directamente frente al asiento de meditación del patriarca. Sin siquiera hacer media reverencia, ni menos una postración completa, simplemente cogió su bastón metálico, caminó tres veces alrededor del sitio del patriarca, luego permaneció de pie y golpeó el suelo con su bastón.

—Los shramanas (monjes) deben poseer los tres mil modos de conducta impresionante y los ochenta mil modos menores —dijo el Sexto Patriarca—. Solamente cuando el comportamiento de uno es impecable se merece el nombre de shramana. (Shramana significa 'diligente y que extingue'. Un shramana diligentemente cultiva preceptos, concentración y sabiduría, y extingue la codicia, el odio y la estupidez.) ¿De dónde, oh Virtuoso, viene usted? ¿Y por qué es tan arrogante?

—Nacimiento y muerte son las únicas cosas importantes —respondió el Maestro Yongjia—, y el transitorio viene con prisa.

—Entonces —continuo el Sexto Patriarca—, ¿por qué no personifica usted el no nacimiento? ¿por qué no entiende la no prisa?

—La personificación originalmente no estaba sujeta al nacimiento —respondió el Maestro Yongjia—. Una vez alcanzado el entendimiento, no habrá más prisa.

—Usted realmente ha entendido la idea del no nacimiento —dijo el Sexto Patriarca.

—¿Usted quiere decir que el no nacimiento es una idea? —dijo el Maestro Yongjia.

—Si no es una idea, entonces ¿cómo puede distinguirlo usted? —preguntó el Sexto Patriarca.

—Hacer distinciones tampoco es una idea —respondió el Maestro Yongjia.

—¡Tiene razón! ¡Tiene razón! —dijo el Sexto Patriarca.

Más tarde, le dio la certificación y lo hizo su heredero del Dharma.

Después de que el Gran Maestro Yongjia fuera certificado por el Sexto Patriarca, planeó retornar inmediatamente al Monasterio Kaiyuan (Fuente Primaria), en Yongjia. El Sexto Patriarca le pidió que se quedara por una noche, al día siguiente él regresó directamente a Yongjia. Debido a que despertó a la verdad del budadharma en apenas una noche, la gente en ese tiempo lo apodaba "El monje que se iluminó de la noche a la mañana". Después de eso, propagó enérgicamente la enseñanza de la iluminación súbita de la escuela Chan, lo que es muy notorio en su Canto de la Iluminación, que tiene más de cincuenta estrofas que explican el estado de la iluminación súbita. La canción es una obra maestra que durará por siempre y ha llegado a ser una lectura requerida por los budistas.

¿Cómo puede la meditación Chan detener el proceso de nacimiento y muerte?

En China, en los últimos años de la dinastía Song del Norte, vivió un héroe nacional llamado Yue Fei. Su padre falleció cuando él era joven. Su madre era respetable y sabia. Madre e hijo sólo se tenían el uno al otro para apoyarse. Ella le enseñó a su hijo a leer y a escribir. Puesto que la familia era muy pobre para darse el lujo de pinceles, tinta y papel, él practicó la escritura de caracteres sobre la arena y, llegado el momento, llegó a ser un calígrafo consumado. Yue Fei hizo el servicio militar a temprana edad. Su madre le tatuó en la espalda la consigna "da todo de ti sirviendo al país". Él nunca olvidó su gran promesa de salvar a la población de su país. Fue la época en que los tártaros (la dinastía Jin) invadieron la dinastía Song y capturaron la capital, Bianjing (Kaifeng). Ellos capturaron a los dos emperadores Hui y Qin y los llevaron al norte. El duque Kang estableció la dinastía Song del Sur en Hangzhou y se proclamó él mismo

Emperador Gaozong. Designó a Qin Hui como su primer ministro. En ese tiempo, los eruditos abogaban por la paz, mientras que los militares abogaban por ir a la guerra contra los tártaros. El general Yue Fei venció devastadoramente a los tártaros en la ciudad de Zhuxian (cerca de Bianjing) y planearon atacar su capital dirigiéndose a Dragón Amarillo (cerca de Jilin Nongan). Desgraciadamente, Qin Hui era celoso y emitió doce requerimientos falsos ordenándole que retornara a la capital. El credo de Yue Fei era "los sujetos leales son patriotas hasta el fin". Por consiguiente, dirigió sus tropas de regreso a la capital. En el trayecto pasó por el Monasterio Montaña de Oro, en medio del Río Yangtze, donde se detuvo para presentar sus respetos al Maestro de Chan Daoyue (Alegría del Camino).

El monje le pidió que no retornara a la capital, sino que adoptara la vida monástica y cultivara el Camino en el Monasterio Montaña de Oro en Zhenjiang. De esa manera, él podía evitar todos los escándalos políticos y conflictos. Yue Fei no tomaba en serio el asunto de nacimiento y muerte, sintiendo que el deber de un militar era seguir órdenes. No siguió la idea de que "cuando el general está en el campo, puede elegir no seguir las órdenes del emperador". De esta forma, rechazó la sugerencia sabia del Maestro Daoyue.

Antes de que partiera, el Maestro Daoyue le escribió un verso que decía:

Antes del día de Año Nuevo,
sé muy cauto con las lágrimas del cielo.
Un regalo con dos puntos debajo de él
te hará daño gravemente.

Yue Fei retornó a Hangzhou y Qin Hui envió un mensaje diciendo 'No se necesitan fundamentos', que era un llamado para apresar a Yue Fei y a su hijo. Cuando se acercó al bloque del verdugo, Yue Fei de repente entendió el significado oculto en el verso del Venerable Daoyue. El vigésimo noveno día del duodécimo mes lunar de ese año, que era víspera de Año Nuevo, los cielos vertieron una fuerte lluvia. Al escuchar la lluvia mientras estaba sentado en la prisión, Yue Fei supo que su muerte era inminente. La profecía del verso del Maestro de Chan iba a ser cumplida. Cuando se escriben dos puntos debajo del carácter chino para la palabra "regalo", se obtiene el carácter "qin", que es el nombre del primer ministro Qin Hui. Yue Fei fue ejecutado en la Pagoda Fengbo.

Qin Hui preguntó al verdugo cuáles fueron las últimas palabras de Yue Fei. El verdugo le respondió: "Yo le escuché decir: 'Encontré mi final ahora, sólo porque no hice caso del consejo del Maestro de Chan Daoyue de Montaña de Oro'". Qin Hui se puso furioso y ordenó a Heli que fuera rápidamente al Monasterio Montaña de Oro para arrestar al Maestro Daoyue. Pero el día anterior, mientras se encontraba en samadhi Chan, el Maestro Daoyue había anticipado esta situación y escribió otro verso que decía:

Heli está viniendo del sur,
pero yo estoy yendo al oeste.
Si no fuera por la fuerza del Dharma,
seguramente hubiera caído
en las manos del villano.

Después de escribir este verso, él entró en la quietud del nirvana. Cuando Heli llegó al templo al día siguiente, el Maestro Daoyue ya había entrado al nirvana. Heli no tuvo otra opción que retornar a la capital y hacer un reporte.

Esta historia prueba que cuando ustedes han perfeccionado la habilidad de la meditación Chan, pueden controlar su propio nacimiento y muerte. Pueden renacer en cualquier momento que elijan. Ustedes están en control del proceso, el cual es un asunto muy natural.

Todos los Maestros de Chan del pasado poseían esa habilidad. Podían nacer y morir cuando querían. En la dinastía Tang había un Maestro de Chan llamado Deng Yinfeng (Cima Oculta) que entró en el nirvana mientras se mantenía parado sobre su cabeza. El monje contemporáneo, el Buda Viviente de la Montaña de Oro, entró en el nirvana mientras estaba de pie. Debido a sus habilidades en la meditación Chan, ellos podían ir y venir como querían, sin restricciones.

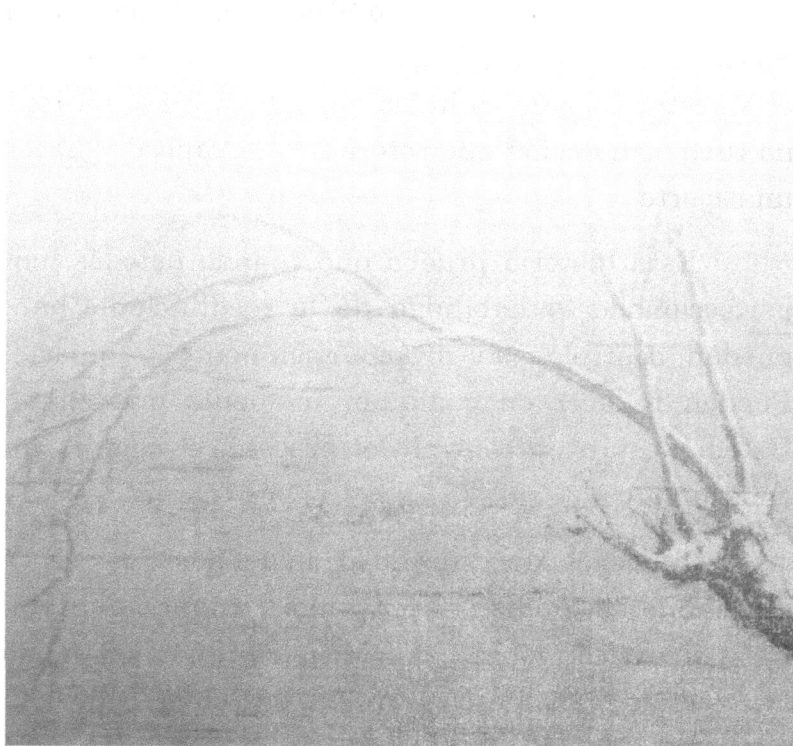

La mente del Anciano Maestro Wei Shan no se movía

El Venerable Maestro Lingyou Wei Shan de la dinastía Tang cultivó el Camino en la Montaña Wei de la Provincia de Hunan. Allí, obtuvo el poder de samadhi que le permitió alcanzar instantáneamente quietud cuando se sentaba. Estaba completamente desapegado de todo tipo de riqueza, de parientes, amigos y de los cinco deseos sensuales.

A pesar de que el Venerable Maestro Wei Shan no buscaba fama y fortuna, a medida que transcurría el tiempo todos iban a conocer sobre su cultivación. Como resultado, muchas personas iban a hacerle ofrendas y a acercarse a él, con la esperanza de conseguir bendiciones y sabiduría. Su gran reputación incluso llegó a los oídos del primer ministro Pei Xiu, quien entonces fue a visitarlo. En la montaña, el primer ministro vio que había solamente una simple choza sin siquiera una cama. Había solamente un almohadón para sentarse y el viejo venerable simplemente se sentaba allí. Cuando la gente iba, él no se movía y cuando la gente se retiraba, él tampoco se daba por enterado. Ignoraba a todos los visitantes; no los recibía ni los veía retirarse.

El primer ministro Pei Xiu pensó: "¡Este viejo cultivador no tiene ni siquiera un monasterio. Como soy rico, podría hacerle una ofrenda construyéndole un monasterio!". Entonces ordenó a sus seguidores tomar trescientos taeles [9 kg] de plata. Sin embargo, el Venerable Maestro Wei Shan no aceptó ni rechazó la oferta. Había una mata de hierba cerca de la choza y el primer ministro Pei Xiu ocultó la plata allí. En ese tiempo, trescientos taeles de plata eran equivalentes aproximadamente a unos tres millones de dólares de la actualidad.

Tres años más tarde, el primer ministro Pei Xiu pensó: "El monasterio ya debe estar concluido. ¡Vayamos y echémosle un vistazo!". Cuando llegó a la montaña, encontró que no había más que la misma vieja choza. No se había construido ningún monasterio. Entonces, el primer ministro Pei Xiu tuvo un falso pensamiento: "Le di dinero, pero él no lo usó para construir un monasterio y todavía aparenta ser pobre. ¿Quién sabe adónde habrá ido el dinero?". Inmediatamente después, le preguntó al Venerable Maestro Wei Shan: "¡Maestro de Chan! ¿Dónde está el dinero que yo le di para construir un monasterio?". El Venerable Maestro Wei Shan respondió: "Búsquelo donde usted lo dejó". Pei Xiu caminó hacia la mata de hierba y encontró que el dinero no había sido tocado. Entonces, Pei Xiu tuvo otro falso pensamiento: "Este viejo cultivador es realmente perezoso. Le di dinero y todavía no sabe cómo usarlo. ¿Por qué es que, cuanto más se cultiva, más estúpido se vuelve uno?". En ese punto, el Venerable Maestro Wei Shan le dijo: "Puesto que usted piensa que yo no sé cómo usar el dinero, sería mejor que se lo lleve y lo gaste en otras cosas. No estoy interesado en construir un monasterio que tenga una forma física".

Pei Xiu entonces comprendió que ese Maestro de Chan tenía habilidades, por eso decidió construirle el monasterio. Aunque construyó el monasterio en físico, no sabía la importancia de nutrir la propia sabiduría en su interior, y estaba muy alejado del Venerable Maestro Wei Shan, quien estaba construyendo un monasterio de sabiduría en su interior. Si una persona pudiera silenciar su mente y no generar falsos pensamientos de los cinco deseos, eso sería considerado realmente una verdadera cultivación. Los practicantes de Chan deben aprender del Venerable Maestro Wei Shan y no ser movidos por la presencia de los valores.

Un viejo monje en meditación vale diez mil taeles de oro

El Anciano Maestro Wei Shan una vez dijo: "Un viejo monje en meditación vale diez mil taeles de oro". El primer ministro Tang, Pei Xiu, sabía que entrar en la vida monástica era bueno, pero debido a su posición como primer ministro, no podía dejar la vida de hogar. En cambio, construyó un gran monasterio en el que podían caber dos mil monjes cultivando juntos. En ese tiempo, muchos monjes habían escuchado acerca del nuevo lugar para la práctica del Camino (bodhimandala) en Hunan y acudían allí para acercarse y aprender del Anciano Maestro Lingyou de Wei Shan, que enseñaba meditación Chan y daba discursos acerca de los preceptos y del Vinaya todos los días.

El primer ministro Pei Xiu, ante su imposibilidad de optar por la disciplina monástica, envió a su hijo al monasterio para que siguiera el camino monástico. Su hijo era un erudito de Hanlin, un graduado de la institución más importante del país. El Venerable Maestro Wei Shan, observando que este erudito de Hanlin vino para entrar en la vida monástica, le puso por nombre Fa Hai y le asignó la tarea de traer agua. En ese tiempo solían haber unos cuantos miles de ocupantes en el monasterio y ese trabajo no era fácil. No había agua corriente y el agua tenía que ser traída de los pozos desde la mañana hasta la noche, sin pausa. Fa Hai se despertaba a las 3 de la mañana y mientras la Gran Asamblea estaba haciendo la recitación diurna, él ya había empezado a traer agua. El trabajo de buscar agua lo ocupó durante algunos años y no hacía otras tareas. Ni siquiera asistía a alguna recitación de sutras o sesión de meditación. Por ser un erudito de Hanlin, traer agua para la Gran Asamblea podría haberle parecido injusto, pero él nunca se quejaba y hacía lo mejor que podía.

Un día, sucedió que tuvo un poco de tiempo libre. Como él nunca supo realmente qué tipo de lecciones estudiaban los monjes, entró a hurtadillas en la sala de Chan y echó un vistazo. Vio que algunos monjes se sentaban erguidos y algunos lo hacían con sus cabezas gachas y roncaban dormidos. Otros tenían sus ojos abiertos y miraban alrededor hacia todas partes. Fa Hai pensó: "Yo les traigo agua todos los días, trabajando hasta el agotamiento y allí están ellos, algunos durmiendo mientras se sientan y otros mirando alrededor con sus ojos bien abiertos. ¡Cómo pueden estos monjes ser dignos de mis ofrendas!". Así se quejaba interiormente.

Fa Hai albergó estos pensamientos y, aunque no le dijo a nadie, el Maestro Wei Shan ya supo lo que estaba sucediendo. Llamó a Fa Hai para que fuera a la habitación del Abad y le dijo: "¡Usted ha estado en este monasterio durante algunos años y ahora se queja de que los monjes no son dignos de recibir sus ofrendas¡ A partir de ahora, este monasterio no lo mantendrá a usted. ¡Puede empacar sus cosas y retirarse!".

¡Su maestro lo había expulsado! Cuando Fa Hai fue a despedirse de él, le preguntó: "Maestro, no tengo dinero. ¿Adónde puedo ir?".

El Maestro de Chan Lingyou le dio algunas monedas, ocho centavos y medio, y le dijo: "Usted puede ir a donde quiera. Cuando haya terminado de usar los ocho centavos y medio, entonces quédese en ese lugar. No se detenga hasta que haya terminado de usar el dinero". En ese tiempo, ocho centavos y medio equivalían a ochenta y cinco dólares de la actualidad, lo cual no era mucho. Mientras se encontraba en el camino, Fa Hai no se atrevió a usar el dinero. Pidió limosnas a lo largo del camino y viajó de Hunan a la provincia de Jiangsu. Más adelante, pasó por Zhenjiang y vio una isla en el Río Yangtze. Había una montaña en la isla. Fa Hai quiso echar un vistazo a la montaña, entonces le hizo señas a la persona encargada de la embarcación y le preguntó por el precio del viaje.

El barquero le pidió exactamente ocho centavos y medio, ¡ni un centavo más, ni un centavo menos! Cuando Fa Hai llegó a la montaña, encontró que no era tan alta, pero sí era muy serena y calma. Así que decidió establecerse allí. Más tarde descubrió una cueva en la montaña donde había algunas vasijas llenas de oro. Esa es la razón por la que más adelante la montaña fue renombrada como Montaña de Oro. Fa Hai usó el oro para construir un monasterio y continuar allí con su práctica de Chan.

Desde ese entonces, la atmósfera de cultivación de la Montaña de Oro ha sido excepcionalmente buena y muchos patriarcas han sido formados de ese lugar. En ese tiempo, él aún no había recibido los preceptos completos y seguía siendo un monje novicio, pero ya era un patriarca fundador. Las famosas palabras del Venerable Maestro Wei Shan "un viejo monje en meditación vale diez mil taeles de oro", esto se refiere a Fa Hai. Fa Hai sintió que los monjes no eran dignos de aceptar sus ofrendas, pero eso no era cierto. ¿Por qué? Porque cuando una persona se sienta en meditación, eventualmente experimentará la extrema calma y la luz penetrará por todas partes. También se dice que:

> *Sentarse perfectamente calmo en meditación,*
> *aunque sea durante una fracción de segundo,*
> *genera tanto mérito que sobrepasa*
> *el de construir tantas pagodas hechas con las siete*
> *joyas*
> *como granos de arena en el río Ganges.*

Esa es la razón por la que un meditador vale diez mil taeles de oro. Por lo tanto, nosotros, practicantes de Chan, no deberíamos tomar la cultivación del Chan a la ligera. Un estudiante de Budismo que aspira a alcanzar el estado de buda, debe practicar la meditación Chan. Practicarla diligentemente y no tener miedo cuando las piernas estén adoloridas y la espalda duela. Sólo de esta manera lograrán tener algún éxito. Por eso el antiguo proverbio:

> *Si el ciruelo no resistiera el frío*
> *que cala hasta los huesos,*
> *¿cómo podría la fragancia*
> *de sus flores ser tan dulce?*

No apegarse a los estados

Cuando meditamos, los cuatro elementos, tierra, agua, fuego y aire, de los que todos nosotros estamos compuestos, pueden entrar en samadhi. Pueden entrar en el samadhi del vacío o en el estado de ni pensamiento ni no-pensamiento. Cuando estamos en samadhi, no debemos apegarnos a los estados ni permitir que la ignorancia y las aflicciones nos muevan. Si lo hacemos, nuestra oportunidad de llegar a iluminarnos será obstruida. Déjenme ilustrarlo con otro koan.

En el pasado, había un viejo cultivador que quería nacer en el Cielo de Ni pensamiento ni no-pensamiento, el cielo más alto del Reino Sin Forma. Así que cultivó el samadhi de ni pensamiento ni no-pensamiento a la orilla del mar. Cuando estaba a punto de entrar en el samadhi de ni pensamiento ni no-pensamiento, el ruido de un pez jugando en el agua le perturbó de tal manera que no pudo entrar en samadhi. Al abrir sus ojos, el pez inmediatamente se

143

escapó. Él continuó meditando, y justo cuando estaba a punto de entrar en samadhi, el pez regresó. Esto sucedió muchas veces y ocasionó que el viejo cultivador se sintiera terriblemente frustrado. Lleno de cólera pensó: "¡Desearía convertirme en águila y comerme todos los peces del agua!". Su odio asustó al pez que no osó aparecerse nuevamente.

El viejo cultivador finalmente logró entrar en el samadhi de ni pensamiento ni no-pensamiento y renació en el Cielo de Ni pensamiento ni No-pensamiento, donde disfrutó ochenta mil grandes eones de dicha celestial.

Pero debido a ese ataque de cólera que él tuvo cuando deseaba convertirse en un águila que comía peces, sucedió que cuando las bendiciones celestiales llegaron a su fin, inmediatamente se convirtió en un águila comedora de peces. Sólo después de que el Buda Shakyamuni alcanzó el estado de buda y más adelante le expuso el Dharma, él pudo despojarse del cuerpo de águila y renacer como un ser humano. Luego cultivó bajo el Buda y alcanzó el estado de Arhat. Este koan ilustra por qué los cultivadores no deberían despreocupadamente encolerizarse, porque con seguridad recibirán las retribuciones por los falsos pensamientos.

En el Sutra Shurangama, se menciona un Venerable de nombre Joven Luz de Luna que se especializaba en cultivar el samadhi del agua. Él contemplaba el agua, y cuando entraba en el Samadhi del Agua Radiante, su cuerpo se convertía en agua.

Cierta vez, cuando el Venerable Joven Luz de Luna estaba en el Samadhi del Agua Radiante, su joven discípulo fue a verlo. Después de entrar en la habitación, vio solamente un charco de agua en el piso. El travieso discípulo agarró una pequeña piedra y la tiró en el agua. Cuando el Venerable Joven Luz de Luna salió del samadhi, sintió dolor en su abdomen. Después de la investigación, descubrió que había una pequeña piedra dentro de él. Llamó al discípulo y luego de preguntarle, se dio cuenta de que el niño había entrado en su habitación mientras que él estaba en samadhi, y había tirado una piedra en el charco de agua. El maestro instruyó al pequeño discípulo a que esperara que él entrase nuevamente en samadhi, para después entrar en la habitación y sacar la piedra del charco.

Este koan nos muestra que mientras un cultivador practique con concentración y constancia, sin duda tendrá éxito. La cultivación requiere que uno esté concentrado para que pueda ser efectiva. Si nuestras mentes permanecen firmes y determinadas, definitivamente recibiremos una respuesta del Dharma.

La Meditación Chan -
¡Es difícil! ¡Es fácil!

"¡Difícil! ¡Difícil! ¡Difícil!
Es como tratar de colocar
diez canastas de semillas de sésamo
en las hojas de un árbol".

Así es como el Anciano Pang describía la cultivación. Él decía que no era fácil. Si no producía un dolor de espalda, entonces creaba dolor en las piernas. Los cultivadores experimentan todo tipo de penas y sufrimientos que hacen que sea difícil estar a gusto. Un pequeño progreso se obtiene con gran dificultad. Es más, si bajamos la guardia alguna vez, todos nuestros esfuerzos anteriores habrán sido hechos en vano. Por eso el señor Pang comparaba la práctica con tratar de equilibrar muchas semillas de sésamo en las hojas de un árbol. Diez canastas no es un número pequeño, y colocar las semillas en las hojas de manera que permanezcan allí y no se caigan, no es algo fácil de realizar. El señor Pang tenía un pariente que escuchó

146

esto y preguntó: "Si es así de difícil, entonces ¿no es posible tener éxito en la cultivación?".

La señora Pang le respondió diciendo:

> *"¡Fácil! ¡Fácil! ¡Fácil!*
> *La intención del patriarca aparece justo aquí,*
> *en la punta de cada brizna de hierba.*
> *¿No lo ves?".*

Ella decía que la cultivación es realmente muy fácil. Todas las montañas, los ríos, las flores, la hierba y los árboles expresan la intención de la venida del patriarca desde occidente. De esta forma, ella lo encontraba muy fácil. No era para nada difícil.

Entonces, alguien preguntó a la señorita Pang, la hija, qué pensaba ella acerca de la cultivación. Dijo:

> *"No es fácil. Ni es difícil.*
> *Sólo come cuando estés hambriento y*
> *duerme cuando estés cansado".*

Los tres tenían diferentes puntos de vista específicos acerca del principio subyacente tras la práctica.

El señor, la señora y la señorita Pang eran parte de la misma familia y, no obstante, tenían diferentes opiniones. Aquí la gente ha venido de todas direcciones para asistir a este retiro de meditación y, de forma similar, cada uno tiene sus propios puntos de vista. El mejor modo de manejar esta situación es hablar menos y esforzarse más en la cultivación.

Ni ir ni venir

Cuando estaba en Manchuria, China, tuve un compañero de práctica que fue un bandido en su psasado. Una vez, cuando estaba robando los objetos de valor de alguien, fue golpeado y sufrió una herida en su hombro. Luego de seis meses, el hombro herido todavía no se curaba. En ese momento, él se arrepintió y se dio cuenta de los errores cometidos; decidió cambiarse de malo a bueno e hizo la siguiente promesa: "Si mi herida se cura dentro de una semana, iré a la sepultura de mis padres y guardaré el respeto filial". Después de una semana, su herida se curó completamente. Entonces, él cumplió su promesa, pasó tres años guardando el respeto filial junto a la sepultura de sus padres. Puesto que estaba dispuesto a reformarse, el maestro le dio el nombre de Buen Filial Yo.

Antes de que Buen Filial Yo se dirigiera a la sepultura de sus padres, reverenció al Maestro de

Dharma Zongyi como su maestro. Este Maestro de Dharma tenía una conducta virtuosa y se ganó el respeto de muchos. Incluso poseía penetraciones espirituales. Cuando Buen Filial Yo comenzó a aprender la meditación y a dedicar su esfuerzo en la práctica, apareció el obstáculo demoníaco transformado en un dragón de fuego que lo sujetó por la cintura y lo quemó con mucha intensidad; lo cual le causó dolores intensos. En medio del ataque del demonio, su maestro pudo dominarlo; después este dragón de fuego tomó el refugio bajo el maestro y llegó a ser el protector de Dharma de Buen Filial Yo.

Durante los primeros dos años y medio que Buen Filial Yo se sentó junto a la sepultura de sus padres, interminables tormentas inundaron los campos y destruyeron muchos cultivos.

Debido a esto, Buen Filial Yo hizo la promesa: "Si el firmamento se aclara en tres días, me cortaré mi propia carne y lo usaré como ofrenda a los cielos". Efectivamente, los cielos estuvieron de acuerdo con su deseo y el firmamento se aclaró en menos de tres días. Como había prometido, Buen Filial Yo cortó un pedazo de su propia carne y lo usó como ofrenda a los cielos. Cuando los residentes cercanos y los oficiales del condado escucharon acerca de la ofrenda de Buen Filial Yo, fueron masivamente donde él y lo elogiaron sin cesar.

En ese momento, un pequeño pájaro voló cerca y cantó: "¡Haz más buenas obras! ¡Haz más buenas obras! ¡Hacer buenas obras es tan bueno!". Ese pequeño pájaro permaneció cerca de donde se sentaba Buen Filial Yo. Estuvo allí durante tres semanas antes de irse. ¡Realmente era un suceso inconcebible!

Cuando Buen Filial Yo completó tres años de observación de respeto filial junto a la sepultura de sus padres, comenzó a dar discursos en la sucursal local de la Sociedad del Camino de la Virtud y a enseñar a los seres vivos cómo practicar el Camino del bodhisattva. Buen Filial Yo tenía veintiún años cuando realizó el voto de cumplir con sus deberes filiales. En ese tiempo, yo era un adolescente y estaba también guardando piedad filial en la tumba de mi madre. Esta es la razón por la cual nos estimamos mutuamente.

Un día, sucedió que nos encontramos. Nos observamos en silencio durante largo rato. Finalmente, Buen Filial Yo me preguntó: "¿Quién eres?".

Yo le respondí: "Usted debe saber quién es usted, pero yo no sé quién soy yo".

Buen Filial Yo me preguntó nuevamente: "¿De dónde vienes?".

Le respondí: "Vengo de donde yo vine".

Luego le pregunté: "¿Adónde va usted?".

Él sólo respondió: "No tengo ningún sitio adonde ir".
Él no tuvo nada más que responder.

No hay ningún lugar de donde venir y ningún
lugar adonde ir, y por tanto, no hay ir ni venir. No
hay ir ni venir, y aún así hay ir y venir. Venir es venir
del lugar de donde vinimos, e ir es ir al lugar donde
estamos yendo. Uno de los diez nombres del Buddha
es 'Tathagata' (El Así Venido). El Sutra del Diamante
(Vajra) dice: "El Tathagata no viene de ninguna parte,
ni va a ninguna parte. Por tanto, Él es llamado el
Tathagata".

El Patriarca de los Tres Carros

El propósito principal de la meditación es erradicar todo nuestro mal karma pasado, recuperar nuestra sabiduría original y llevar nuestras buenas raíces a la realización. Debemos ser pacientes y eso significa no tener miedo de privaciones y penurias. Cuando los viejos sabios se sentaban a meditar, podían hacerlo durante miles de años. Contaré un 'koan' para dar un ejemplo.

Durante la dinastía Tang, cuando el Maestro de Dharma Xuan Zang iba camino a la India para obtener sutras, encontró meditando a un viejo cultivador. Pájaros habían construido nidos en su cabeza y su ropa estaba hecha pedazos y destrozada. El Maestro de Dharma Xuan Zang hizo sonar su campana para sacar al viejo compañero fuera del samadhi. El viejo cultivador preguntó: "¿De dónde viene usted?". El Maestro de Dharma Xuan Zang le respondió: "Vengo de la Tierra de Tang y estoy yendo a la India a buscar sutras. ¿Qué está haciendo usted aquí?". El viejo cultivador dijo: "Estoy esperando que el Buda Shakyamuni venga al mundo. Después iré a ayudarlo a propagar el budadharma". El Maestro de Dharma Xuan Zang dijo: "¡Cómo que estas todavía esperando que el Buda venga al mundo! El Buda Shakyamuni ya ha pasado al nirvana hace más de mil años".

El viejo cultivador dijo: "¡Es un hecho! Bien, en ese caso, esperaré que el próximo Buda, Maitreya, venga al mundo". Acto seguido, se preparó para regresar al samadhi.

El Maestro de Dharma Xuan Zang le interrumpió diciendo: "Tengo un asunto que discutir con usted".

El viejo cultivador respondió: "No perturbe mi paz. No deseo interferir en asuntos mundanos".

El Maestro de Dharma Xuan Zang dijo: "Esto no es una cuestión personal. Aunque el Buda Shakyamuni ya entró en el nirvana, su Dharma está todavía en el mundo. Deseo que usted me ayude a difundir el budadharma y a continuar la vida de sabiduría del Buda. Ahora, vaya a la Tierra de Tang y espere a que retorne con los sutras, y entonces propagaremos juntos el budadharma. Desde aquí, camine al este y renazca en la casa con el techo de tejas amarillas".

Antes de que el Maestro de Dharma Xuan Zang partiera hacia la India a traer los sutras, él le hizo una predicción al emperador Tai Zong, diciéndole: "Las ramas del árbol de pino están ahora apuntando al oeste. Cuando apunten al este, eso significará que habré retornado con los sutras". Un día, el emperador Tai Zong notó que todas las ramas del árbol estaban apuntando al este y supo que el Maestro de Dharma Xuan Zang retornaría pronto.

Cuando el Maestro de Dharma Xuan Zang retornó a Chang An, el emperador Tai Zong dirigió a todos los oficiales de la corte a la entrada oeste para recibirlo.

Fue una gran recepción, y las calles estaban atestadas de personas. Cuando el Maestro de Dharma Xuan Zang se encontró con el emperador, le dijo inmediatamente: "Felicitaciones, Su Majestad, por el nacimiento de un príncipe".

Pero el emperador le respondió: "No. No tuve un hijo mientras usted estuvo fuera. Está todavía el mismo príncipe heredero".

El Maestro de Dharma examinó la situación y encontró que el viejo cultivador había perdido su referencia y renació en una casa con tejas azules, en lugar de amarillas. La casa de tejas azules pertenecía al ministro de defensa Yu Chi Kong. Él era ahora el sobrino de Yu Chi Kong. El Maestro de Dharma Xuan Zang le recomendó al sobrino de Yu Chi Kong que dejara la vida de hogar, pero éste no estuvo de acuerdo. Entonces suplicó al emperador que emitiera un decreto ordenando que el sobrino del ministro de defensa entrara en la vida monástica, explicando: "Es esencial que él deje la vida de hogar. No importa qué condiciones pida, acuerde usted con todas ellas".

Inmediatamente, el emperador emitió un decreto ordenando que el sobrino del ministro de defensa dejara la vida de hogar.

Cuando el sobrino de Yu Chi Kong recibió la orden imperial de dejar la vida de hogar, él propuso tres condiciones, diciendo: "Aquí está mi primera condición. Originalmente, el Budismo no permitía tomar bebidas alcohólicas. Sin embargo, no deseo renunciar a beberlas. Espero que dondequiera que yo vaya, haya un carro de bebidas alcohólicas siguiéndome". El emperador sabía que uno de los cinco preceptos del Budismo prohibía consumir alcohol, pero el Maestro Xuan Zang le había dicho que concordara con cualquier condición que el sobrino pudiera tener. Así que el emperador concordó con la primera condición.

Animado, el sobrino continuó: "Ahora, mi segunda condición: Yo nací en la casa de un general y estoy acostumbrado a comer carne. Después de que llegue a ser un monje, todavía debo tener carne fresca para comer todos los días".

El emperador sabía de hecho que los monjes no comen carne, pero como el Maestro Xuan Zang ya le había dicho que concordara con cualquier condición, por consiguiente, Tai Zong tuvo que aceptar también esa condición.

El sobrino continuó: "Aquí está mi tercera condición. Toda mi vida me han gustado las mujeres bellas. Así que dondequiera que yo vaya, debo tener un carro lleno de bellezas acompañándome". El emperador aceptó las tres condiciones.

Cuando el sobrino de Yu Chi Kong dejó la casa, toda la corte imperial lo envió al Monasterio Da Xing Shan (Gran Bondad Floreciente). Ese día, la gran campana del monasterio sonó y se tocó el tambor gigante para recibirlo. Tan pronto como él escuchó la campana y el tambor, tuvo un repentino despertar y recordó que él era el viejo cultivador que prometió ayudar al Maestro de Dharma Xuan Zang a propagar el budadharma. En el momento en que obtuvo el conocimiento de vidas pasadas, renunció a los tres carros de bebidas alcohólicas, carne y mujeres.

El llegó a ser el Patriarca Kui Ji, el segundo patriarca de la escuela Fa Xiang (Características de los Dharmas); también era conocido como el Patriarca de los Tres Carros.

Podía leer diez líneas con una mirada y discernir claramente lo que estaban diciendo cien personas que hablaban al mismo tiempo. El Patriarca Kui Ji ayudó al Maestro de Dharma Xuan Zang a traducir los discursos de la Escuela de las Características de los Dharmas. Sus habilidades eran insuperables. Se ganó el nombre 'Maestro de Cien Discursos'.

Cuando el viejo cultivador se sentaba en meditación, podía hacerlo durante unos miles de años. Aquí, nosotros nos sentamos solamente durante veintiuna horas por día, lo que en comparación es realmente insignificante. Debemos aprender a mirar las cosas como nimiedades y no apegarnos a nada, soportar el sufrimiento y la pena. Sólo soportando un momento de dolor podremos alcanzar una felicidad duradera. Todos ustedes deben ser valerosos y enérgicos y cultivar diligentemente. De esta manera, serán capaces de superar todos los obstáculos.

Hacer a un lado el nacimiento y la muerte

Hace mucho tiempo atrás, hubo un viejo cultivador que era diligente y había obtenido algunos logros. En ese tiempo, un estado se presentó para probar el poder de su samadhi. ¿Qué tipo de estado era ese? Siempre que meditaba y estaba a punto de entrar en samadhi, una gran piedra aparecía colgada de una cuerda encima de su cabeza. Si la cuerda se rompía, él sería aplastado y quedaría como una empanada de carne. Sabía que eso era solamente un estado y lo ignoraba. Esto sucedía todos los días. La piedra estaba allí, colgada encima de su cabeza. Debido a eso, él se tornó muy cauto en su meditación y no se atrevía a quedarse dormido. Pero no podía tampoco entrar en samadhi.

Después de algunos días, el estado cambió. Ahora había una rata en la cuerda de la cual la piedra estaba colgada. La rata estaba royendo la cuerda. Para empezar, la cuerda era muy delgada y ahora que la rata la estabaroyendo, el peligro de que la piedra se estrellara contra él, aumentaba.

Como resultado de este estado, el viejo cultivador no se atrevió a meditar allí otra vez.

Realmente, estos estados eran ilusiones. No importa qué estados aparezcan, los cultivadores deben ignorarlos. Debemos hacer a un lado la vida y la muerte. Si vivimos, vivimos. Si morimos, morimos. Nuestra resolución debería de ser tal que preferiríamos morir como resultado de cultivar, que vivir sin hacerlo. Si no tememos a la muerte y podemos abandonar todo, ganaremos seguramente iluminación. Ese viejo cultivador tenía miedo a la muerte y por eso no se atrevía a meditar. Absteniéndose de la meditación, su habilidad no mejoró, y así él no logró nada. Como expresa el dicho:

Un pelo de diferencia al comenzar,
fallaremos por mil millas al final.

Cuando cultivamos, no importa qué estados encontremos, debemos tener el poder de samadhi para ignorarlos. Haciendo esto, eventualmente experimentaremos algunos resultados positivos y seremos capaces de superar obstáculos. Una vez que hayamos superado los obstáculos, recibiremos algunas buenas noticias.

7. PREGUNTAS Y RESPUESTAS SOBRE CHAN

Preguntas y respuestas
sobre Chan

Pregunta: Cuando nos sentamos a meditar, ¿qué debe contemplar nuestra mente?

Venerable Maestro: No hay ningún lugar fijo donde deba estar la mente. Tú encontrarás cómo lograr que la mente no se establezca en ningún lugar. Si hay un lugar, tu mente residirá allí. Encuentra cómo lograr que la mente no resida en ningún lugar y no pienses sobre lo bueno o lo malo. En eso tendrás que aplicar tu esfuerzo. Si te concentras en un lugar y piensas en lo bueno y lo malo, entonces aún estarás atrapado en los apegos. Cuando cultivamos, necesitamos permanecer desprendidos de todo. Cuando no haya más apegos, nos olvidaremos incluso de nuestro propio cuerpo. Si ni siquiera somos conscientes de nuestro propio cuerpo, ¿de qué cosa nos apegaremos?

Pregunta: ¿Por qué debemos sentarnos en la posición de loto completo para poder entrar en samadhi? ¿Hay otros métodos aceptables? ¿Es correcto que sólo nos sentemos en calma si no podemos doblar nuestras piernas en esa posición?

Venerable Maestro: Es correcto también. Pero esta posición es la posición diamantina (vajra), que es, por lo tanto, más enérgica.

Pregunta (de un estudiante): Por favor, ¿podría el Venerable Maestro indicarme el camino? ¿Cuando alguien está meditando, quién o qué es el meditador?

Venerable Maestro: Tú lo descubrirás.

Pregunta: ¿Cuál es la diferencia entre entrar en samadhi y dormir?

Venerable Maestro: La postura de entrar en samadhi es sentarse verticalmente con la espalda recta y sin inclinarse lateralmente. Si tu habilidad alcanza el punto en el que la respiración o el pulso se detiene, parecerá que estás muerto, pero todavía tendrás sensaciones. Podrás sentarte un día entero o durante diez días sin moverte, o incluso hasta podrás hacerlo durante un mes.

Por otro lado, dormir es diferente, porque la cabeza y el cuerpo pueden inclinarse y girar. No tienes control sobre ello cuando duermes. Y cuando estás dormido, tu respiración resulta cada vez más pesada, de tal modo que tus exhalaciones e inhalaciones resultan en ronquidos. Esa es la diferencia fundamental entre ambos.

Pregunta: ¿Qué es la postura de loto?

Venerable Maestro: La postura misma se parece a un loto. También, sentarse en loto todo el tiempo simboliza que el propio cuerpo es ligero y concentrado. También representa el loto en el cual se localiza la tesorería de los mundos. Estas son las razones por las que esta posición es conocida como la postura de loto o la posición favorable.

Pregunta: ¿Es la posición de medio loto similar a una pagoda plateada y la posición de loto completo a una pagoda dorada?

Venerable Maestro: Ninguna posición, ninguna pagoda.

Pregunta: ¿Cuál es el propósito primordial de la meditación?

Venerable Maestro: Las ventajas de la meditación son múltiples. Si estudiamos, trabajamos o cuidamos de la casa, la meditación diaria aumenta nuestra concentración, disminuye las presiones de la vida e incrementa nuestra salud física. Si honestamente queremos desarrollar nuestra sabiduría y liberarnos, entonces debemos desarrollar este hábito. Debemos dedicarnos a la meditación a largo plazo, de modo que realmente nos liberemos del ciclo de nacimiento y muerte.

Pregunta: ¿Es la meditación una práctica que tiende a ser más peligrosa porque uno es más propenso a ser poseído por los demonios?

Venerable Maestro: Hay diferentes causas y condiciones para esta situación, no sólo una. Algunas personas cultivan y llegan a ser poseídas por demonios más fácilmente, porque son extremadamente egoístas, aferrados a sus ideas y egocéntricos. Estas son las razones por las que ellos cultivan.

Pregunta: Los meditadores ven ilusiones, como muchos las llaman. ¿Podría usted por favor explicarnos este fenómeno que ocurre durante la meditación?

Venerable Maestro: Todo fenómeno es ilusorio y falso. Lo que tú ves son los cincuenta tipos de transformaciones, según el Sutra Shurangama. Sería muy triste si consideraras cualquiera de éstas como una forma de realización.

Pregunta: ¿Cuáles son los principios de la meditación Chan?

Venerable Maestro: Los principios son: 1. No ser codicioso; 2. No estar enojado; y 3. No estar engañado.

Pregunta: Nuestro instructor de meditación trascendental nos enseñó a imaginarnos un sonido particular.

Venerable Maestro: Eso es un ejercicio inútil, como poner una cabeza encima de otra cabeza o buscar una mula mientras se cabalga sobre una.

Pregunta: ¿Cuál es el siguiente paso en la meditación?

Venerable Maestro: Los primeros requisitos en la meditación son despejar nuestra mente y disminuir nuestros deseos. Una mente despejada no tiene falsos pensamientos. Menos deseo significa ser menos emotivo.

Pregunta: ¿Qué sucede cuando sentimos dolor durante la meditación?

Venerable Maestro: Si eres consciente del dolor, entonces toma la actitud "cuanto más dolor, mejor". Si no puedes pasar este estadio, siempre sentirás dolor. No reacciones a las señales de dolor. Tienes que hacer que te escuche a ti. Tienes que ser tú el que tenga el control. Eso ayuda a mantener la consciencia de que nuestro cuerpo no es real, es solo una combinación temporal de los cuatro elementos. En ese sentido, no es de gran importancia. Podemos reflexionar que si muriéramos y fuéramos a los infiernos, en estos lugares experimentaríamos una agonía, la cual sería mucho más dolorosa que esto. Debemos preguntarnos qué podemos hacer ahora, mientras tenemos el control.

Podemos decidir dejar que nuestro cuerpo sufra un poco más, sabiendo que el dolor se debe a la presión aplicada a nuestros canales de energía y al sistema circulatorio durante la meditación. Debemos tener en cuenta que una vez que hayamos atravesado las obstrucciones, no experimentaremos más dolor alguno.

Pregunta: ¿Cuál es la diferencia entre la oración y la meditación Chan?

Venerable Maestro: Si piensas que son lo mismo, entonces son lo mismo; y viceversa.

Pregunta: Frecuentemente escucho a las personas decir que el alma de uno puede dejar el cuerpo durante la meditación. ¿Qué es exactamente la meditación real?

Venerable Maestro: Aquí está lo que el Honorable Ji dijo acerca de la meditación:

> *Los glotones resultan hambrientos.*
> *Los privados de comida resultan desgarbados.*

La meditación nos ayuda calmar nuestros pensamientos. Tú sabrás cuando estés teniendo una experiencia fuera del cuerpo durante la meditación.

También sabrás cuando no puedas abandonar tu cuerpo. Pero no pienses demasiado en alguna de estas experiencias. Yo no pienso acerca de abandonar mi cuerpo o de no abandonarlo. También soy cuidadoso de no comer demasiado.

Pregunta (de un estudiante): Usted dice que mientras estemos meditando, debemos ser pacientes con lo que sentimos. Pero yo lo encuentro extraño. ¿Podemos expresar nuestros sentimientos, o debemos mantenerlos adentro? A veces, cuando los pongo adentro, encuentro que después quisiera estallar. ¿Qué debo hacer?

Venerable Maestro: Sé paciente con ellos, lo que significa que debes vaciarlos para que desaparezcan. No se trata de ocultarlos adentro. ¿De qué sirve ocultarlos adentro? ¿Por qué necesitas mantener tu basura? ¡Olvídalos! La cosa oprimida contamina más que cualquier otro desecho; además, es mucho más poderosa que una bomba atómica. Si no tienes miedo de explotar en pedazos, sigue adelante y ocúltalo. Pero no lo recomiendo.

Pregunta (de un estudiante): ¿Podría usted ayudarme con mi meditación para que así pueda entender los principios del Budismo aún mejor, como también los de otras religiones que estoy estudiando?

Venerable Maestro: A través de meditación sentada, aprendemos a recibir palizas. Sentarse a meditar puede ser tan doloroso como ser golpeado. Cuando la gente nos golpea o nos grita, debemos ser pacientes también. En general, podemos meditar bien y dormir en una posición de sentados cuando no estamos afectados por los ocho tipos de emociones.

Pregunta: ¡Yo soy tan estúpido! 1. No puedo penetrar en mi propia mente. 2. Si no soy cuidadoso, me quedo dormido cuando estoy meditando. ¿Cómo puedo superar estos dos problemas?

Venerable Maestro: 1. No es tan fácil penetrar en la mente, especialmente en sólo dos o tres días. 2. Es mejor dormirse que tener falsos pensamientos.

Pregunta: ¿Son la meditación y la 'investigación del dhyana' la misma cosa, o son dos cosas diferentes?

Venerable Maestro: No obstante los términos son diferentes, significan lo mismo. Si realmente entendiéramos la investigación del dhyana, entonces no estaríamos más confundidos.

Pregunta: Venerable Maestro, por favor díganos la diferencia entre nuestras reglas y las reglas de los centros de meditación de China.

Venerable Maestro: Obviamente existen muchas diferencias. Pero aquí debemos afirmar nuestra independencia y unicidad. Sólo elegimos lo que es bueno y descartamos lo que es incorrecto. Tenemos la intención de reformar las partes del Budismo que nos acosan con problemas.

En cuanto a alimentos: Los meditadores en China requieren tres comidas al día: sopa de arroz en el desayuno, un almuerzo completo, y panecillos rellenos para una comida ligera nocturna. En cuanto a dar golpes: Todos los meditadores deben ser golpeados. El supervisor golpea a los participantes uno por uno. Son golpeados, ya sea que actúen correctamente o no. Cuanto más duro son golpeados, con mayor énfasis el monasterio muestra cuán estrictas son sus reglas.

El Monasterio Gaoming, por ejemplo, es famoso por sus golpes. A veces ellos quiebran las tablas de incienso mientras golpean a la gente. Ninguno de ustedes ha sido todavía castigado este año; pero han sido castigados en el pasado. Soy probablemente más compasivo este año y sus obstáculos kármicos también son más livianos. Estas son algunas de las diferencias. Esos monjes de China dan realmente miedo. No poseen ninguna sonrisa en sus rostros, con un aspecto tan severo como el del Bodhisattva Sangharama. Dondequiera que vayan dentro de las salas de Chan, estarán tan asustados, incluso para levantar la cabeza. Sería como si un ratón viera a un gato.

Aquí no golpeamos a la gente sin razón. Soy amable y les doy discursos todos los días como si fuera una niñera. Pero todavía tienen que sufrir mientras se ajustan a la postura de meditación. ¿Por qué pienso que dejar que sufran está bien? Las personas de este país (Estados Unidos) tienen una tremenda cantidad de bendiciones. Si yo no los hago sufrir un poquito, ustedes no tomarán ningún compromiso importante de cultivación. Han renunciado a vestirse bien, comer buena comida, vivir en una bonita casa, y han abandonado todo tipo de lujos para venir a sufrir aquí.

Esa es realmente la mejor manera de liberarse de la arrogancia, de tal modo que podamos honestamente cultivar y llegar a liberarnos del nacimiento y de la muerte.

Reglas: En las salas de meditación de China tampoco pueden estirar las piernas. De hacerlo, definitivamente recibirán un golpe. No tendrán ni un poco de cortesía. El jefe de la sala también es golpeado si viola las reglas. Por ejemplo, si el jefe de la sala se adormece de vez en cuando, el supervisor tendrá que arrodillarse sobre su rodilla derecha antes de castigarlo, lo cual difiere de la postura que asume al castigar al resto del grupo.

A la hora de té, también hay una cierta manera

de sostener la taza de té porque la taza no tiene asa. Tienen que colocar su pulgar en el borde de la taza y usar el resto de la mano para sostenerla desde abajo. Con la taza en la mano, extienden el brazo para dejar que el encargado vierta el té. Después de que han terminado con el té, colocan la taza delante de ustedes y el encargado se la lleva. Eso se realiza en completo silencio. Aquí tomamos té de ginseng, así que nuestras reglas son deficientes. Podemos estudiar estas reglas y mejorarlas con el tiempo. Pero, por cierto, no tenemos que imitar a China. Las reglas tienen que adecuarse a la cultura local. En China, los meditadores no pueden salir fuera de la sala para tomar té, estar sentados, pararse o conversar. Inmediatamente después de la comida retornan a la sala de Chan para meditar caminando. No desperdician ni un solo segundo de su tiempo. No hacen otra cosa en el intermedio. Después de comer, no se enjuagan la boca ni hacen estiramientos. Cambiaremos gradualmente estos pequeños problemas, para poder ir por buen camino.

Pregunta: ¿Es un demonio que aparece durante la propia meditación una creación de la mente? Si está hecho de la mente misma, ¿es el mismo tipo de demonio del cual usted habló anteriormente?

Venerable Maestro: Cuando has ofendido demonios de afuera de ti, los demonios internos también actuarán. No hay sólo un tipo de demonio ni un solo tipo de fantasma. Hay demonios celestiales, demonios terrestres, demonios espirituales, fantasmales, que son personas, hechos de la mente, y demonios que son creados por estados externos. No hay solamente de un solo tipo, sino de muchos.

Pregunta: He estudiado meditación trascendental. Cuando medito, escucho un sonido y visualizo una escena junto al mar. Al comienzo me podía concentrar muy bien y me encontraba en un estado agradable; sin embargo, después de un tiempo, las cosas llegaron a ser más y más borrosas y confusas. No sé si ésta es una buena manera de meditar.

Venerable Maestro: Todo deseo de escuchar un sonido es un tipo de falso pensamiento. Ese tipo de meditación no es trascendental en el sentido más profundo, el cual es ser natural y estar libre de codicia, pretensión o expectativa. El ejercicio implica desear, y con desear, no trasciendes nada.

Pregunta: Entonces, ¿no debemos pensar en nada?

Venerable Maestro:

> *Cien cosas ocurren cuando un pensamiento se inicia.*
> *Diez mil cosas cesan cuando el pensamiento se detiene.*
> *Cuando la mente reposa y los pensamientos terminan,*

se obtiene el verdadero éxito.
Cuando el interés personal y los deseos se han ido,
el resultado es una verdadera bendición.

Pregunta: Entonces, ¿es la meditación trascendental buena o mala? ¡Ahora es muy popular en muchos países de todo el mundo!

Venerable Maestro: Se crearon nuevas formas de meditar para quienes no pueden sentarse en la posición de loto completo. El hecho es que debemos aprender a sentarnos a meditar en esa posición. Es imposible decir que uno ha alcanzado el Camino sin haberse sentado en la posición de loto completo.

Pregunta: Lo que más lamento es no tener suficiente tiempo para meditar.

Venerable Maestro: Debes ahorrar algo de tiempo de tu ocupada agenda y no desperdiciarlo metiéndote en medio de las confusiones. Puedes cultivar en cualquier momento y en cualquier lugar, no solamente sentándote allí con los ojos cerrados.

Pregunta: ¿De dónde vino el Bodhisattva Guanshiyin?

Venerable Maestro: Pregúntate tú mismo de dónde vienes.

Pregunta: En estos últimos días, mientras meditaba,

el dolor en mis piernas se fue intensificando, especialmente en mi rodilla izquierda. Este dolor gradualmente se redujo a una bola y permaneció en mi rótula. Ayer, cuando el dolor aumentó, explotó y se convirtió en una energía limpia y cálida de color amarillo. Fue de mi rodilla a mis costillas y a la parte superior de mi cuerpo. Este calor no me adormeció, me puso contento y me hizo sentir confortable. Después vi un trono rodeado de lotos blancos. Los bordes parecían borrosos, pero los centros tenían capullos de color púrpura, como un vaso de vino invertido con un amplio borde. Luego se transformaron repentinamente en montañas de joyas, cuyas luces brillantes eran sin precedentes. A veces se veían como castillos europeos o plataformas de loto donde se sientan los bodhisattvas. Había una culebra de cabeza plana que se trepaba a la parte superior del trono. A veces las escenas eran transparentes como una película y pasaban tan rápidamente que no podía recordarlas bien. Sólo recuerdo que yo parecía estar caminando por la orilla del mar. No había nadie a la vista. El lugar era tranquilo, hermoso y encantador. Sólo se escuchaba el sonido de las gaviotas que ocasionalmente rompía el silencio.

Ahora, yo quisiera saber si esto era real o el resultado de mi consciencia discriminatoria.

Venerable Maestro: Las visiones de budas o de flores no son reales cuando has tratado de visualizarlas o has querido verlas. Todo lo que desees ver no es real. El único estado significativo que es real es aquel que ocurre antes de que surja un pensamiento, aunque en ocasiones eso incluso puede ser ilusorio. Es mejor no encontrar ningún estado durante la meditación. No hay absolutamente nada; sólo vacío. No estés conmocionado o feliz. Reacciones como conmocionarte o estar feliz pueden hacer que resultes poseído por demonios, como los cincuenta demonios de los skandhas listados en el Sutra Shurangama.

Pregunta: ¿Por qué debemos practicar la meditación cuando estudiamos el budadharma?

Venerable Maestro: Meditamos para que podamos estudiar una cantidad innumerable de sutras y abrir la sabiduría ilimitada inherente en nuestra propia naturaleza. Hay innumerables puertas de Dharma en nuestra naturaleza, pero las personas tienden a ignorar los fundamentos y van detrás de las superficialidades. Buscamos respuestas fuera de nosotros, sin conseguir entender que deberíamos reflexionar.

Pregunta: ¿Cuál es la diferencia entre entrar en samadhi y dormir?

Venerable Maestro: Durante el samadhi, una persona permanece muy consciente mientras se sienta verticalmente. Su cuerpo no se mueve de un lado a otro y su cabeza no se mueve ni se inclina. Este es el estado de estar quieto y aún así reflexionando, reflexionando y aún así siempre quieto. Cuando se está dormido, no se es consciente en absoluto, se estornuda estruendosamente, y la situación es completamente opuesta a la quietud del samadhi.

Pregunta: "Es mejor no estudiar nada durante un día, que estudiar sabiduría durante mil". ¿Qué significa esta cita?

Venerable Maestro: "Al no saber cuándo terminar el estudio de diferentes términos, nos quedamos atrapados contando los granos de arena del mar". ¿Quién está aprendiendo sabiduría durante mil días? ¿Quién no está aprendiendo nada en un día? No debemos seguir lavando la ropa de los demás.

Pregunta: Ahora hay un tipo de "Chan contemporáneo" que es popular. Los instructores enseñan mudras. He escuchado que con esto las personas realmente obtienen resultados más rápidos. Maestro, ¿es correcto aprender este "Chan contemporáneo"?

Venerable Maestro: Soy anticuado y no entiendo este asunto contemporáneo.

Pregunta: Mientras meditamos, ¿qué deberíamos contemplar?

Venerable Maestro: Nada específico. "Deja que tu mente no esté en ninguna parte." Si hubiera algo específico, te establecerías allí. No mores en ninguna parte. No pienses acerca de lo bueno o lo malo. Allí es donde necesitas hacer algún trabajo serio.

Pregunta: ¿Hay alguna diferencia entre su método de meditación y el de Ajahn Sumedho? Si es así, ¿cuál es la diferencia entre ellos?

Venerable Maestro: "En el origen hay un solo camino, pero hay muchas entradas convenientes." Por ejemplo, los rostros de las personas se ven diferentes; pero todos somos personas y nuestras mentes son la misma. No puedes emparejar a todos en todos los aspectos. El mismo principio se aplica aquí.

Pregunta: Por favor introduzca brevemente la meditación tal como se enseña en el Monasterio Montaña de Oro (Gold Mountain Monastery).

Venerable Maestro: Lo averiguarás cuando vengas al Monasterio Montaña de Oro. Para empezar, nos entrenamos para sentarnos en la posición de loto completo. Esa posición se llama diamantina (vajra), y puede someter a los demonios.

Pregunta: Usted recientemente habló de cómo la posición de loto completo es equivalente a una pagoda de oro y la de medio loto lo es a una pagoda de plata.

Por favor, ¿podría hablarnos acerca de la meditación?

Venerable Maestro: No seas tan ansioso. Quien mucho abarca, poco aprieta. Si no puedes sentarte en la posición completa de loto, siéntate en la posición de medio loto. Cuanto más rápido quieras ir, más lento conseguirás llegar allí. Estudia un día cada vez; no trates de graduarte de la escuela inmediatamente.

Pregunta: ¿Cómo debo preguntar "¿quién es consciente del buda?"

Venerable Maestro: Deberías investigar "¿quién es consciente del buda?" en lugar de preguntarlo. Investigar es como taladrar un agujero; entenderemos cuando taladremos completamente. Antes de hacerlo, no entenderás haciendo la pregunta. Este método nos lleva al punto en el que el lenguaje deja de funcionar y la mente deja de pensar. Nadie puede describirlo. Lo que otros pueden decirte no es eso.

Pregunta: Generalmente se dice que los preceptos nos ayudan a entrar en samadhi y a desarrollar sabiduría. ¿Por qué la escuela Chan habla solamente acerca de cultivar un balance entre el samadhi y la sabiduría hasta que perfeccionemos nuestra iluminación y nuestra conducta?

Venerable Maestro: Ellos pueden decirte lo que quieran. Para algunos es correcto hablar solamente acerca de preceptos o de samadhi, o de sabiduría. No es definitivo. Todo depende de las metas individuales de cada uno y de sus principios. No hay una postura estándar.

8. VERSOS SOBRE EL CHAN Y SU POTENCIAL

Una pista acerca del samadhi Chan

La inocencia se establece,
¡la vivacidad abunda!
Los pensamientos se vuelven
rectos y verdaderos.
Amansa la mente. Deja que
las cosas se vayan.
Esa es la pista fundamental.
Cuando la tierra se disuelva,
las dualidades también lo harán.
Cuando el espacio se haya hecho añicos,
el hacer distinciones terminará.
Entonces una luz singular
llenará el cosmos.
Sujeta esa perla de sabiduría.
Mantén cerca esa joya (mani).
Trascendiendo lo impuro y lo puro,
el ir y venir no ocurren más.
El pulso se detendrá,
los pensamientos cesarán,
y la mente alocada estará en paz.

21 de febrero de 1984,
Ciudad de los Diez Mil Buddhas

Verdad maravillosa en todos nosotros

Cuando el silencio reina, los sonidos cesan,
y las innumerables condiciones están quietas,
entonces, el ilimitado cielo,
la vasta tierra,
y todo lo que se encuentra en medio,
se unen con el reino del Dharma.
Surge una única sustancia.
¿De dónde vinimos para llegar aquí?
¿Adónde vamos cuando partimos?
De hecho, ni tú ni yo existimos.
Aunque la maravillosa verdad está en
todos nosotros,
el sabio la encontrará naturalmente.

27 de diciembre de 1956

Haciendo caer el Monte Sumeru

Derribando el Monte Sumeru,
se limpian los obstáculos.
En el mar puro de nuestra verdadera
naturaleza,
no emergen más olas.
Despierta, para penetrar y conocer
el verdadero rostro de cada uno de
nosotros.
La sabiduría prajna siempre muestra
que todas las cosas son por siempre así.

Verso para iniciar la sesión de Chan,
Monasterio Chan Montaña de Oro, San Francisco
5 de diciembre de 1971

Un curso intensivo

Buena gente, eruditos de todo tipo,
se reúnen aquí para un curso intensivo:
"Estudio de lo incondicionado".
En esta arena, los budas aparecen.
Quien se despierta, obtiene honores.

Verso para iniciar la sesión de Chan,
Sala Budista de Conferencias, San Francisco
Diciembre de 1969

Retorno de la primavera

Cuando la primavera retorna,
las cosas empiezan a crecer.
Cuando el espacio es hecho añicos,
entramos en nosotros mismos.
Nunca más engañados
por lo que uno y los otros parecen ser.
El reino del Dharma puede ser inmenso,
pero todo ello cabe en cada uno de
nosotros.

Verso para iniciar la sesión de Chan de 98 días,
Sala Budista de Conferencias, San Francisco

15 de octubre de 1970

Auto-retrato del Venerable Maestro Hsuan Hua sentado en Chan

*Silenciar los pensamientos
se hace en dhyana.
Un brote de bodhi crece de la
mahaprajna.
Necesita ser atendido con
minucioso cuidado.
Despertando, con paciencia para
soportar
entendimientos profundos acerca de la
realidad,
somos libres de ir y participar
de la Asamblea de la Flor del Dragón.*

Tocar una flauta sin agujeros

Durante una sesión intensiva de Chan,
cielo y tierra pueden ser hechos pedazos.
Ni es extraño recibir lecciones
sobre cómo intercambiar lunas en un
saqueo de estrellas.
Parándose delante de un pico sin
sombras,
un giro de la cabeza te hará ver.
¿Alguna vez has notado algún alma azul
tocando una flauta sin agujeros?

Caminen conmigo

Después de despertar, no estén contentos.
Antes de despertar, no se preocupen.
Trabajen tan duro como nunca lo han
hecho.
Caminen de la mano conmigo.

Verso para finalizar la sesión de Chan,
Monasterio Chan Montaña de Oro, San Francisco
18 de febrero de 1972

De semilla de vajra a brote de bodhi

*Hace algún tiempo, sembramos una
semilla de vajra.
Nuestro brote de bodhi es ahora tan alto
que se eleva.
El fruto que lleva será algún día
un despertar súbito, correcto y completo,
que nos llevará directamente a la puerta
del Buda.*

Verso para iniciar la sesión de Chan,
Sala Budista de Conferencias, San Francisco
12 de setiembre de 1970

¿Quién estará allí?

Recógelo. Déjalo caer.
¿Quién es consciente del Buda?
¡Ja! ¡Ja! ¡Ja!
Déjalo. ¿No lo puedes dejar ir?
¿De quién es consciente el Buda?
¡Je! ¡Je! ¡Je!
No eres tú. No soy yo.
Nosotros dos somos muchos dos.
Eres tú y soy yo.
Pero cuando el Sumeru se venga abajo,
¿Quién estará allí?

Verso para iniciar la sesión de Chan,
Monasterio Chan Montaña de Oro, San Francisco
11 de marzo de 1972

Índice Alfabético

Introducción a la Asociación Budista del Reino del Dharma

La Asociación Budista del Reino del Dharma (Dharma Realm Buddhist Association), conocida anteriormente como la Asociación Budista Sino-Americana, fue establecida a los EE.UU. en el año 1959, con el fin de llevar la enseñanza verdadera de Buda al mundo entero. Su fundador, el Venerable Maestro Hsuan Hua fue un monje altamente respetado.

En 1962, Maestro Hua aceptó la invitación de sus discípulos, para enseñar en los Estados unidos. En 1966, fundó un centro de estudio y práctica en San Francisco.

En 1970, el centro fue trasladado a un lugar de mayor capacidad, llamado el "Monasterio de la Montaña de Oro", llegando a ser uno de los primeros centros budistas de California. Luego la Asociación fue estableciendo otros centros en diferentes partes del mundo:

El Instituto Internacional de Traducción de los Textos Budistas (1973), La Sagrada Ciudad de los Diez Mil Budas (1976), el Sagrado Monasterio Rueda de Oro en Los Ángeles (1976), el Sagrado Monasterio Buda de Oro en Vancouver (1984), el Sagrado Monasterio Cumbre de Oro en Seattle (1984), el Sagrado Monasterio Avatamsaka en Calgary (1986) y la Academia del Dharma Ortodoxo en Taiwan (1989), el Sagrado Monasterio Long Beach en los Ángeles (1991), la Sagrada Ciudad del Reino del Dharma en Sacramento (1992), el Sagrado Monasterio de Bendición, Prosperidad y Longevidad en Los Ángeles (1994), el Instituto para las religiones del Mundo en Berkeley (1994). En la Sagrada Ciudad de los Diez Mil Budas funcionan la Universidad Budista del Reino del Dharma, la Escuela Secundaria "Desarrollo de la Virtud" y la Escuela Primaria "Infundiendo la Bondad". El objetivo de la Asociación Budista del Reino del Dharma es brindar programas de servicio espiritual y educacional que promuevan paz, alegría y alta conducta ética.

Los seis principios de la Asociación Budista del Reino del Dharma son:

No pelear.

No codiciar.

No pedir.

No tener egoísmo.

No buscar el beneficio personal.

No mentir.

De acuerdo al Credo de la Asociación:

Tiritando, no especulamos.
Famélicos, no mendigamos.
En suma pobreza, no pedimos.
Aceptamos las condiciones y no cambiamos;
sin cambiar, aceptamos las condiciones.
Adherimos firmemente a estos
tres grandes principios.
Renunciamos a nuestras vidas
para llevar a cabo la tarea de Buda.
Tomamos la responsabilidad
de modelar nuestros propios destinos.
Como deber del Sangha,
rectificamos nuestras vidas.
En los detalles vemos claramente
los principios.
Entendiendo los principios,
os aplicamos en lo específico.
Mantenemos el pulso singular de la transmisión
de la mente de los patriarcas.

Reseña Biográfica del Venerable Maestro Hsuan Hua

El Venerable Maestro, nativo del Condado de Shuangcheng en la Provincia de Jilin, China, nació el día dieciséis del tercer mes lunar, en el año de wuwu a comienzos de siglo. Fue llamado Yushu (o Yuxi) Bai. Su padre, Fuhai Bai, era muy trabajador y ahorrativo. El apellido de soltera de su madre era Hu; comía solamente alimentos vegetarianos y recitaba el nombre de Buda todos los días. Cuando ella estaba embarazada del Maestro le rezaba a Buda y a los Bodhisattvas. Así la noche anterior al nacimiento, en un sueño, ella vio al Buda Amitabha emitiendo una luz brillante. Luego nació el Maestro.

El Maestro era callado y silencioso por naturaleza, pero tenía un espíritu correcto y heroico. De niño seguía el ejemplo de su madre y comía solamente vegetales y recitaba el nombre de Buda. A la edad de once años la visión de una infanta sin vida le hizo tomar conciencia de la gran cuestión de la vida y la muerte, entonces resolvió convertirse en monje. A los doce años, escuchó como el Buen Hijo Wong (el Gran Maestro Chang Ren) del Condado de Shuangcheng había practicado la piedad filial y obtuvo el Camino, y realizó entonces los votos de seguir el ejemplo del Buen Hijo. El Maestro decidió inclinarse en reverencia ante sus padres todas las mañanas y tardes como una manera de reconocer sus faltas y devolver a sus padres la bondad recibida. Por su piedad filial fue conocido como el Buen Hijo Bai.

A los quince años tomó refugio bajo el Venerable Maestro Chang Zhi. Ese año comenzó las clases en el colegio y logró dominar los Cuatro Libros, los Cinco Clásicos, los libros de varias escuelas chinas de pensamiento, los campos de la medicina, adivinación, astrología y fisionomía. Participó en la Sociedad de la Virtud y otras sociedades de beneficencia. Explicó el Sutra del Sexto Patriarca, el Sutra del Diamante y otros sutras para los que eran iletrados y empezó una escuela gratuita para los pobres.

Cuando tenía diecinueve años su madre murió, y entonces le pidió al Venerable Maestro Chang Zhi del Monasterio Sanyuan (Tres Condiciones) que le afeitara su cabeza. Le fue dado el nombre de dharma de An Tse y el nombre de estilo To Lun. Vestido con túnicas de monjes construyó una simple casilla al lado de la tumba de su madre y vivió ahí durante tres años observando la piedad filial. Durante ese período, hizo dieciocho grandes votos. Se inclinó en reverencia hacia el Sutra de la Guirnalda de Flores, se comprometió al arrepentimiento y adoración, practicó la meditación, estudió las escrituras, y comía solamente una comida al día sin recostarse por la noche para dormir. Sus sinceros esfuerzos por purificar y cultivarse a sí mismo hicieron que ganase la admiración de los pobladores y evocara las respuestas de los Budas, Bodhisattvas, dioses y dragones Protectores del Dharma. Fue reconocido como un monje extraordinario.

Un día, cuando estaba sentado en meditación, vio venir a su casilla al Gran Maestro, el Sexto Patriarca, para visitarlo y decirle, "En el futuro tú irás a Occidente y conocerás incontables personas. Los seres vivientes que enseñes y transformes serán tan incontables como las arenas del Río Ganges. Esto marcará el comienzo del Budadharma en Occidente". Luego de decir esto, el Sexto Patriarca se desvaneció. Después de que el Maestro completó su observación de la piedad filial, se dirigió a la Montaña Changbai, en donde vivió en reclusión y practicó austeridades en la Cueva de Amitabha. Luego volvió al Monasterio Sanyuan y se convirtió en el líder de la asamblea.

Durante sus años en Manchuria, el Maestro enseñó a la gente según sus potenciales. Despertó a aquellos que estaban confundidos y salvó muchas vidas. Incontables dragones, víboras, zorros, fantasmas y espíritus tomaron refugio con él y recibieron los preceptos, cambiando su mal y cultivando la bondad.

En 1946, el Maestro, se embarcó en un arduo viaje a Caoxi, Guangzhou, para rendirle homenaje al Anciano Maestro Hsu Yun, a quien él estimaba como un héroe del Budismo. En el camino se hospedó en muchos renombrados monasterios de China y recibió su ordenación completa en el Monte Putuo en 1947. Llegó al Monasterio Nanhua en 1948 y rindió homenaje al Anciano Maestro Hsu Yun. El Anciano Maestro lo señaló como uno de los instructores y luego como Decano de Asuntos Académicos de la Academia Vinaya de Nanhua. Él vio que el Maestro era un individuo sobresaliente y le trasmitió el Dharma, dándole el nombre de Dharma de Hsuan Hua y haciéndolo el Noveno Patriarca del linaje Wei Yang, la cuadragésima sexta generación desde el Venerable Mahakashyapa, el primer Patriarca. En 1949, el Maestro se despidió del Anciano Maestro Yun y fue a Hong Kong. Al enseñar el Dharma allí enfatizó las cinco escuelas del Budismo: Chan, de la Doctrina, Vinaya, Esotérica y de la Tierra Pura. Renovó templos antiguos, imprimió Sutras y construyó imágenes. Entre los templos que fundó, estaban el Monasterio de los Jardines de la Bendición Occidental, el Monasterio Chan de Cixing y el Salón de Conferencias Budistas. Durante un período de más de diez años, creó extensas afinidades de Dharma con las personas de Hong Kong. Los sutras que explicó incluían el Sutra de Ksitigarbha, el Sutra del Diamante, el Sutra de Amitabha, el Sutra de Shurangama y el Capítulo de la Puerta Universal del Sutra del Loto. Convocó Asambleas de Dharma tales como la del Arrepentimiento de la Gran Compasión, la del Maestro de la Medicina, y sesiones de meditación y recitación. Publicó la revista Hsin Fa (Dharma de la Mente).

Como resultado de sus incansables esfuerzos por propagar el Dharma, el Budismo floreció en Hong Kong. Durante ese tiempo visitó también otros países para estudiar el Budismo Theravada, tales como Tailandia y Burma. Él esperaba poder establecer la comunicación entre las tradiciones Mahayana y Theravada y así unir las diferentes sectas del Budismo.

En 1959 vio que en occidente las condiciones ya estaban maduras y encomendó a sus discípulos que crearan la Asociación Budista Sino Americana (luego llamada Asociación Budista del Reino del Dharma) en los Estados Unidos.

En 1961 viajó a Australia y predicó el Dharma durante un año. Retornó a Hong Kong en 1962 debido a que las condiciones no eran apropiadas. En ese mismo año, más adelante, por invitación de los budistas de

América, el Maestro viajó solo a los Estados Unidos y enarboló el estandarte del Dharma Ortodoxo en el Salón de Conferencias Budistas de San Francisco. Viviendo en un sótano húmedo y sin ventanas, el cual era parecido a una tumba, se llamó a sí mismo el Monje de la Tumba.

Cuando en Cuba comenzó la crisis de misiles, el Maestro se embarcó en un ayuno de treinta y cinco días para rezar por que finalicen las hostilidades y por la paz mundial. Cuando finalizó su ayuno, la crisis había sido resuelta.

En 1968, durante la Sesión de Verano de Práctica y Estudio del Sutra Shurangama, más de treinta estudiantes de la Universidad de Washington, en Seattle, fueron a San Francisco para estudiar con el Maestro. Al final de la Sesión, cinco de ellos pidieron permiso para afeitarse la cabeza y dejar la vida laica. Ese fue el principio del Sangha en la historia del Budismo americano.

El Maestro mismo se ocupó de propagar el Dharma, dirigiendo la traducción del Canon Budista y desarrollando la educación. Aceptó a muchos discípulos, fundó monasterios y marcó principios. Exhortó a sus discípulos a que trabajen duramente para hacer que el Dharma Ortodoxo florezca eternamente a través del Reino del Dharma.

El Maestro dio conferencias sobre los Sutras y habló sobre el Dharma todos los días durante varias décadas, explicando los profundos principios de una manera fácil de comprender. También entrenó a sus discípulos, monjes y laicos, para explicar las enseñanzas. Lideró varias delegaciones con el fin de diseminar el Dharma en muchas universidades y muchos países alrededor del mundo con el objetivo de dirigir a los seres vivientes en todo el mundo hacia la bondad y el encuentro de la sabiduría innata.

Hasta la fecha han sido traducidos al inglés más de un centenar de volúmenes de las explicaciones del Maestro acerca de las escrituras, algunos también al español, vietnamita, japonés y otros idiomas. El objetivo del Maestro es el de traducir el Canon Budista a todos los idiomas del mundo, así el Dharma se hará popular en todas partes del mundo. El Maestro fundó la Escuela Primaria "

Infundiendo la Bondad" (Instilling Goodness Elementary School), la Escuela Secundaria "Desarrollo de la Virtud" (Developing Virtue Secondary School), la Universidad Budista del Reino del Dharma (Dharma Realm Buddhist University) y el Programa para Entrenamiento del Sangha y el Laicado (Sangha and Laity Training Programs) en la Ciudad de los Diez Mil Budas.

En muchos de los monasterios que pertenecen a la Asociación Budista del Reino del Dharma (Dharma Realm Buddhist Association) también se dictan clases de idioma chino e inglés para niños. Estos programas educativos están basados en las ocho virtudes de: filialidad, respeto fraternal, lealtad, confianza, cortesía, rectitud, incorruptibilidad y sentido de la vergüenza. Para poder alentar a los estudiantes a que desarrollen las virtudes de la bondad, compasión, alegría y caridad, y educarlos para que sean hombres y mujeres de integridad que puedan contribuir a la sociedad. Los niños y las niñas estudian separadamente, y los maestros voluntarios toman la educación como una responsabilidad personal.

El Maestro enseñó a sus discípulos a meditar, recitar el nombre de Buda, practicar el arrepentimiento, estudiar los Sutras y observar los preceptos estrictamente. Les enseñó a comer una sola comida por día (el almuerzo) y a usar el ceñidor de los preceptos. Les enseñó a vivir en armonía y a alentarse los unos a los otros. Bajo su dirección, ha crecido en el occidente un Sangha que practica y mantiene el Dharma Ortodoxo. El Maestro fundó la Ciudad de Los Diez Mil Budas como una comunidad espiritual internacional en donde estudiantes y buscadores de la verdad puedan estudiar y trabajar juntos por la paz mundial y la armonía entre las religiones.

Durante todos estos años, el Maestro ha establecido sucesivamente el Monasterio de Montaña de Oro, el Monasterio de Rueda de Oro, el Monasterio de Cumbre de Oro, el Monasterio de Buda de Oro, el Monasterio Avatamsaka, el Monasterio del Reino de Dharma, el Monasterio Amitabha, La Ciudad del Reino de Dharma y otros lugares de cultivación de Dharma genuino.

La vida del Maestro fue una vida totalmente carente de egoísmo. Él hizo votos para tomar el sufrimiento y las dificultades de todos los seres vivientes sobre sí mismo, y de dedicarles todas las bendiciones y la felicidad que él mismo debía disfrutar. Practicó lo difícil de practicar y toleró lo difícil de tolerar. Ningún sufrimiento pudo desviarlo de cumplir con sus amplias resoluciones. Él compuso esta poesía que expresa sus principios:

Muertos de frío, no intrigamos.
Muertos de hambre, no mendigamos.
Muertos de pobreza, no pedimos nada.
Concordando con las condiciones, no cambiamos;
Sin cambiar, concordamos con las condiciones.
Nos adherimos firmemente a nuestros tres grandes principios.
Renunciamos a nuestras vidas para llevar a cabo las tareas de Buda.
Tomamos la responsabilidad de modelar nuestros

propios destinos.
Rectificamos nuestras vida como una tarea del Sangha
(Comunidad monástica).
En las cosas específicas vemos claramente los
principios.
Entendiendo los principios, los aplicamos en las cosas
específicas.
Nosotros llevamos el pulso singular de la transmisión
mental de los patriarcas.

Benefició a muchos a través de su inflexible conservación de los seis principios guías de: no pelear, no codiciar, no pedir, no ser egoísta, no buscar beneficio personal y no mentir. Se dedicó a servir a los demás y les enseñó con sabiduría y compasión. Su ejemplo personal influenció incontables personas a cambiar sus faltas y a caminar sobre el puro y luminoso camino hacia la Iluminación.

Si bien el Maestro manifestó su entrada al Nirvana el 7 de Junio de 1995 (el décimo día del quinto mes lunar), él constantemente hace girar la infinita rueda del Dharma. Él vino del espacio vacío y retornó al espacio vacío sin dejar rastro alguno. Lo menos que nosotros podemos hacer por la profunda bondad del Maestro es seguir sus enseñanzas de manera cuidadosa, mantener nuestros principios y avanzar de forma vigorosa hacia la Bodhi.

Los Dieciocho Grandes Votos del Venerable Maestro Hsuan Hua

1. Realizo el voto de no obtener la Perfecta Iluminación mientras haya un sólo Bodhisattva que en los tres períodos del tiempo, a través de las diez direcciones del Reino del Dharma, hasta el mismo fin del espacio vacío; no haya alcanzado la Budeidad.

2. Realizo el voto de no obtener la Perfecta Iluminación mientras haya un sólo Pratyekabuddha que en los tres períodos del tiempo, a través de las diez direcciones del Reino del Dharma, hasta el mismo fin del espacio vacío; no haya alcanzado la Budeidad.

3. Realizo el voto de no obtener la Perfecta Iluminación mientras haya un sólo Shravaka que en los tres períodos del tiempo, a través de las diez direcciones del Reino del Dharma, hasta el mismo fin del espacio vacío; no haya alcanzado la Budeidad.

4. Realizo el voto de no obtener la Perfecta Iluminación mientras haya un sólo ser celestial en el Triple Reino que no haya alcanzado la Budeidad.

5. Realizo el voto de no obtener la Perfecta Iluminación mientras haya un sólo ser humano que en los mundos de las diez direcciones, no haya alcanzado la Budeidad.

6. Realizo el voto de no obtener la Perfecta Iluminación mientras haya un sólo asura que no haya alcanzado la Budeidad.

7. Realizo el voto de no obtener la Perfecta Iluminación mientras haya un sólo animal que no haya alcanzado la Budeidad.

8. Realizo el voto de no obtener la Perfecta Iluminación mientras haya un sólo fantasma hambriento que no haya alcanzado la Budeidad.

9. Realizo el voto de no obtener la Perfecta Iluminación mientras haya un sólo ser infernal que no haya alcanzado la Budeidad.

10. Realizo el voto de no obtener la Perfecta Iluminación mientras haya un sólo dios, inmortal, humano, asura, criatura del aire o de la tierra; objeto inanimado o animado; o un sólo dragón, bestia, fantasma o espíritu, y demás; que dentro del reino espiritual haya tomado refugio conmigo y no haya alcanzado la Budeidad.

11. Realizo el voto de dedicar por completo a todos los seres vivientes en el Reino del Dharma, todas las bendiciones y dicha que yo mismo debería recibir y disfrutar.

12. Realizo el voto de que todos los sufrimientos y dificultades de los seres vivientes en el Reino del

Dharma en su totalidad, recaigan por completo sobre mí.

13. Realizo el voto de manifestarme en innumerables cuerpos mediante los cuales pueda acceder a las mentes de los seres vivientes que en todo el universo no creen en el Budadharma. De ese modo podré encausarlos para que corrijan sus faltas y tiendan hacia lo saludable, a que se arrepientan de sus errores y comiencen nuevamente, a que tomen refugio en la Triple Joya; y finalmente alcancen la Budeidad.

14. Realizo el voto de que todos los seres vivientes que vean mi rostro, o que aunque sea escuchen mi nombre, puedan fijar sus pensamientos en la Bodhi, y prontamente alcancen el Sendero de Buda.

15. Realizo el voto de respetar las instrucciones de Buda y de cultivar la práctica de comer solamente una vez al día.

16. Realizo el voto de iluminar a todos los seres sensibles, respondiendo universalmente a la multitud de los diferentes potenciales.

17. Realizo el voto de obtener en esta misma vida los cinco ojos espirituales, los seis poderes espirituales y la libertad de ser capaz de volar.

18. Realizo el voto de que todos mis votos sean cumplidos con certitud.

Directorio

World Headquarters
The City of Ten Thousand Buddhas
2001 Talmage Road Ukiah, CA 95482
tel: (707) 462-0939 fax: (707) 462-0949
www.drba.org

Buddhist Text Translation Society
www.buddhisttexts.org
catalog: www.bttsonline.org

Dharma Realm Buddhist University
www.drbu.org

Instilling Goodness and Developing Virtue School
www.igdvs.org

Berkeley Buddhist Monastery
2304 McKinley Avenue Berkeley, CA 94703 USA
Tel: (510) 848-3440
www.berkeleymonastary.org

Institute for World Religions
www.drbu.org/iwr

The International Translation Institute
1777 Murchison Drive Burlingame, CA 94010-4504
Tel: (650) 692-5912
www.dharmasite.net/sf/br/br2-3.html

Blessings, Prosperity, and Longevity Monastery
4140 Long Beach Boulevard Long Beach, CA 90807
Tel/Fax: (562) 595-4966
www.bplmonastery.org

Long Beach Sagely Monastery
3361 East Ocean Boulevard Long Beach, CA 90803
Tel: (562) 438-8902

Gold Wheel Monastery
235 North Avenue 58 Los Angeles, CA 90042
Tel: (323) 258-6668
www.goldwheel.org

The City of the Dharma Realm
1029 West Capitol Avenue West Sacramento, CA 95691
Tel: (916) 374-8268
http://cityofdharmarealm.org

Gold Mountain Monastery
800 Sacramento Street San Francisco, CA 94108
Tel: (415) 421-6117
http://goldmountainmonastery.org

Gold Sage Monastery
11455 Clayton Road San Jose, CA 95127
Tel: (408) 923-7243
www.drbagsm.org

Avatamsaka Vihara
9601 Seven Locks Road Bethesda, MD 20817-9997 USA
Tel/fax: (301) 469-8300
www.avatamsakavihara.org

Snow Mountain Monastery
PO Box 272 50924 Index-Galena Road Index, WA 98256
Tel: (360)799-0699
http://smm.drba.org

Gold Summit Monastery
233 1st Avenue West Seattle, WA 98119
Tel: (206) 284-6690
www.goldsummitmonastery.org

Avatamsaka Monastery
1009 4th Avenue S.W. Calgary, AB T2P OK, Canada
Tel: (403) 234-0644
www.avatamsaka.ca

Gold Buddha Monastery
248 East 11th Avenue Vancouver, B.C. V5T 2C3, Canada
Tel: (604) 709-0248
www.gbm-online.com

Gold Coast Dharma Realm
106 Bonogin Road Bonogin, Queensland AU 4213
Australia
Tel: 61-755-228-788
www.gcdr.org.au

Buddhist Lecture Hall
31 Wong Nei Chong Road, Top Floor Happy Valley,
Hong Kong, China
Tel: (852) 2572-7644

Cixing Chan Monastery
Lantou Island, Man Cheung Po Hong Kong, China
Tel: (852) 2985-5159

Dharma Realm Guanyin Sagely Monastery
161, Jalan Ampang 50450 Kuala Lumpur, Malaysia
Tel: (03) 2164-8055

Prajna Guanyin Sagely Monastery
Batu 51, Jalan Sungai Besi Salak Selatan
57100 Kuala Lumpur, Malaysia
Tel: (03) 7982-6560

Fa Yuan Monastery
1 Jalan Utama Taman Serdang Raya 43300 Seri
Kembangan Selangor Darul Ehsan, West Malaysia
Tel: (03)8948-5688

Malaysia DRBA Penang Branch
32-32C, Jalan Tan Sri Teh Ewe Lim
11600 Jelutong Penang, Malaysia
Tel: (04) 281-7728

Guan Yin Sagely Monastery
166A Jalan Temiang 70200 Seremban Negeri Sembilan
West Malaysia
Tel/Fax: (06)761-1988

Dharma Realm Buddhist Books Distribution Society
11th Floor, 85 Chung-hsiao E. Road, Sec. 6
Taipei, Taiwan R.O.C.
Tel: (02) 2786-3022

Dharma Realm Sagely Monastery
20 Tong-hsi Shan-chuang Hsing-lung Village, Liu-kuei
Kaohsiung County, Taiwan, ROC
Tel: (07) 689-3717

Amitabha Monastery
7 Su-chien-hui, Chih-nan Village, Shou-feng
Hualien County, Taiwan, ROC
Tel: (07) 865-1956